2023年
农业植物新品种保护
发展报告

农业农村部植物新品种保护办公室
农业农村部科技发展中心　编

中国农业出版社
北　京

图书在版编目（CIP）数据

2023年农业植物新品种保护发展报告 / 农业农村部植物新品种保护办公室，农业农村部科技发展中心编. 北京：中国农业出版社，2024.12. -- ISBN 978-7-109-32778-8

Ⅰ. D923.404

中国国家版本馆CIP数据核字第202451CY93号

中国农业出版社出版

地址：北京市朝阳区麦子店街18号楼

邮编：100125

责任编辑：李昕昱

版式设计：王 怡　　责任校对：张雯婷　　责任印制：王 宏

印刷：北京通州皇家印刷厂

版次：2024年12月第1版

印次：2024年12月北京第1次印刷

发行：新华书店北京发行所

开本：889mm×1194mm　1/16

印张：6

字数：190千字

定价：98.00元

目 录

第一章　进展成效 ·· 1

一、品种权受理审查 ······································ 1

二、品种权复审、异议、冻结及质押备案 ········· 1

三、体系建设 ··· 1

　（一）法规制度建设 ································· 1

　（二）审查测试规范建设 ························· 2

　（三）体系建设 ···································· 3

　（四）能力建设 ···································· 4

　（五）信息化平台建设 ···························· 5

四、宣传培训 ··· 5

　（一）信息宣传 ···································· 5

　（二）人员培训 ···································· 6

五、维权指导 ··· 7

六、国际合作与交流 ····································· 7

第二章　申请授权情况 ······························· 9

一、作物种类申请授权情况 ··························· 9

　（一）累计申请授权情况 ························· 9

　（二）2023年申请授权情况 ····················· 11

二、国内申请主体和品种权主体情况 ·············· 13

　（一）地区分析 ···································· 13

　（二）主体性质分析 ····························· 17

三、国外申请主体和品种权主体情况 ·············· 19

　（一）国别分析 ···································· 19

　（二）主体性质分析 ····························· 21

　（三）作物种类分析 ····························· 22

四、国内向国外品种权申请授权情况 ·············· 23

五、申请量/授权量排行情况 ························· 24

　（一）作物种类 ···································· 24

（二）申请主体 ……………………………………………………… 28

（三）品种权主体 …………………………………………………… 35

第三章　授权品种转化运用和保护概况 …………………………………… 42

一、授权品种推广面积排行榜 ……………………………………………… 42

二、主要品种转化运用情况 ………………………………………………… 43

第四章　植物新品种保护国际动态 ………………………………………… 44

一、UPOV主要成员植物新品种保护动态 ………………………………… 44

（一）UPOV成员动态 ……………………………………………… 44

（二）植物新品种保护范围 ………………………………………… 45

（三）国际植物新品种保护申请情况 ……………………………… 46

（四）国际植物新品种保护授权情况 ……………………………… 47

二、UPOV主要成员新品种保护国际化水平 ……………………………… 49

三、UPOV主要成员审查测试国际合作 …………………………………… 51

附　录 ………………………………………………………………………… 54

附录一　2023年农业植物新品种保护大事记 …………………………… 54

附录二　2023年农业植物新品种保护重要文件 ………………………… 57

附录三　2023年农业植物新品种保护十大典型案例 …………………… 68

正文附图

图1　国家育种联合四大攻关组签订EDV制度试点承诺书 ……………… 2

图2　实质性派生品种制度研讨会 …………………………………………… 2

图3　首次现场审查天麻品种 ………………………………………………… 2

图4　海南自由贸易港农业植物新品种审查协作中心建设推进会 ……… 3

图5　国家植物品种测试徐州中心项目建设筹备工作组会议 …………… 4

图6　开展自主DUS测试检查 ……………………………………………… 5

图7　2023年农业植物新品种保护信息化技术研讨会 …………………… 5

图8　2023年种业知识产权保护与运用推进行动 ………………………… 6

图9　全国种业知识产权保护专题培训班 ………………………………… 6

图10　2023年植物品种DUS测试与植物新品种保护能力提升培训班 … 6

图11　第三届DUS青年论坛 ……………………………………………… 7

图12　与最高人民法院开展联合主题党日活动 ………………………… 7

图13　派员参加UPOV系列会议 ………………………………………… 8

图14　接待UPOV副秘书长来访 ………………………………………… 8

图15　接待国际无性繁殖园艺植物育种家协会成员来访 ……………… 8

图16　接待欧盟专家来华评审食用菌品种DUS测试质量 ……………… 8

图17　1999—2023年品种权申请量和授权量变化图 …………………… 9

图18　1999—2023年不同作物种类年度申请总量变化图 ……………… 10

图19　1999—2023年不同作物种类申请总量分布图 ································ 10

图20　1999—2023年不同作物种类年度授权总量变化图 ······················ 11

图21　1999—2023年不同作物种类授权总量分布图 ································ 11

图22　2023年不同作物种类申请量分布图 ·· 12

图23　2023年不同作物种类授权量分布图 ·· 12

图24　1999—2023年国内申请总量地域分布图 ····································· 13

图25　1999—2023年国内授权总量地域分布图 ····································· 14

图26　2023年国内申请量地域分布图 ·· 15

图27　2023年国内授权量地域分布图 ·· 16

图28　1999—2023年国内不同申请主体申请总量分布图 ······················ 17

图29　1999—2023年国内不同品种权主体授权总量分布图 ··················· 17

图30　1999—2023年国内不同申请主体年度趋势图 ···························· 18

图31　2023年国内不同申请主体申请量分布图 ···································· 18

图32　2023年国内不同品种权主体授权量分布图 ································· 19

图33　1999—2023年国外申请主体国家分布图 ···································· 19

图34　1999—2023年国外品种权主体国家分布图 ································· 20

图35　2023年国外申请主体国家分布图 ·· 20

图36　2023年国外品种权主体国家分布图 ··· 21

图37　1999—2023年国外申请主体类型分布图 ···································· 21

图38　2023年国外申请主体类型分布图 ·· 22

图39　1999—2023年国外申请主体申请作物种类分布图 ······················ 22

图40　2023年国外申请主体申请作物种类分布图 ································· 23

图41　2023年申请保护的玉米品种类型分布图 ···································· 26

图42　2023年申请保护的水稻品种类型分布图 ···································· 27

图43　2023年申请保护的小麦品种类型分布图 ···································· 27

图44　2023年申请保护的大豆品种类型分布图 ···································· 28

图45　2023年申请保护的棉属品种类型分布图 ···································· 28

图46　2001—2023年品种申请权及品种权转让变动 ···························· 43

图47　1984—2023年UPOV主要成员品种权申请量趋势图 ·················· 47

图48　1984—2023年UPOV主要成员品种权授权量趋势图 ·················· 47

图49　1984—2023年UPOV成员国民与非国民申请量变动 ·················· 49

图50　1984—2023年UPOV成员国民与非国民授权量变动 ·················· 49

图51　1984—2023年UPOV成员向国外申请品种权变动 ····················· 50

正文附表

表1　2000—2023年中国在国外申请授权品种权情况 ·························· 23

表2　1999—2023年四大类作物申请总量居前10位的植物属种分布 ········ 25

表3　2023年四大类作物申请量居前10位的植物属种分布 ··············· 26

表4　1999—2023年申请总量居前50位的国内企业 ··························· 29

表5　1999—2023年申请总量居前50位的国内教学科研单位 ············· 30

表6   1999—2023年申请总量居前30位的国外单位 ……………………………… 32

表7   2023年申请量居前20位的国内企业 ……………………………………… 33

表8   2023年申请量居前20位的国内教学科研单位 …………………………… 34

表9   2023年申请量居前10位的国外单位 ……………………………………… 34

表10   1999—2023年授权总量居前50位的国内企业 ………………………… 35

表11   1999—2023年授权总量居前50位的国内教学科研单位 ……………… 37

表12   1999—2023年授权总量居前20位的国外单位 ………………………… 38

表13   2023年授权量居前20位的国内企业 …………………………………… 39

表14   2023年授权量居前20位的国内教学科研单位 ………………………… 40

表15   2023年授权量居前10位的国外单位 …………………………………… 41

表16   2023年主要大田作物推广面积居前10位的品种授权情况 …………… 42

表17   UPOV各成员执行的公约文本概况 ……………………………………… 44

表18   UPOV成员植物新品种保护范围 ………………………………………… 45

表19   1984—2023年UPOV主要成员有效品种权国际占有率 ……………… 48

表20   2023年UPOV主要成员新增有效品种权国际占有率 ………………… 48

表21   2023年申请量居前10位的UPOV成员品种权申请及授权情况 ……… 50

表22   2023年向国外申请授权量居前10位的UPOV成员概况 …………… 51

表23   委托测试的UPOV成员和测试属种情况 ……………………………… 51

表24   购买其他成员测试报告的UPOV成员数和植物属种数 ……………… 52

第一章　进展成效

一、品种权受理审查

2023年共受理农业植物新品种权申请14 278件，同比增长27.49%，申请量再创新高，连续7年位居世界第1位，申请总量达到76 914件。全年共授予农业植物新品种权8 385件，同比增长148.44%，授权总量达到31 486件。继续参与良种重大科研联合攻关项目实施，全年共159个攻关项目品种进入受理审查，授权122件。

全年共下达申请保护品种特异性、一致性、稳定性（DUS）集中测试任务5 913个品种，提取测试繁殖材料5 427份，审核官方集中测试报告5 197份，完成果树等品种现场考察324个。首次承担国家审定品种DUS测试报告审查任务，审核水稻、玉米和小麦测试报告1 847份，其中，合格1 322份，不合格113份，需补充材料的412份。

二、品种权复审、异议、冻结及质押备案

2023年收到植物新品种复审案件24件，审理复审案件21件，作出复审决定16件。受理植物新品种权异议纠纷案件40件，结案9件。冻结116件，累计206件。品种权质押备案登记111件，累计质押备案194件。

三、体系建设

（一）法规制度建设

一是积极推进《中华人民共和国植物新品种保护条例》（简称《条例》）修订。组织3次专家座谈会和多次研讨会，编制《条例》修订稿、起草说明、评估报告等文件，前往全国人民代表大会和司法部、林草局等部门沟通交流，形成条例修订稿报司法部，由种业司报司法部并开展意见征集工作。二是开展《植物新品种保护条例实施细则》（简称《实施细则》）修订。组织专家、企业代表等召开专题研讨会，进一步讨论条例征求意见时出现的争议和焦点问题，在《实施细则》中进行细化、说明，已形成草案。三是推进实质性派生品种（EDV）制度落地。在制度实施上，指导国家育种联合水稻、小麦、玉米、大豆攻关组

内启动EDV制度试点（图1），组内就EDV判定阈值、鉴定方法、收益分享比例、异议处理规则达成共识，为全面实施EDV制度积累经验；先后赴海南、四川、广东等地开展"加快推进EDV制度实施 助力当家品种自主可控"全国性调研（图2），梳理业界意见和建议。在技术支撑上，完成水稻EDV鉴定（MNP①）标准研制，推进小麦、玉米、向日葵、甘薯、梨、香菇、金针菇7种作物的EDV鉴定农业行业标准立项；起草了水稻EDV判定指南初稿，明确了EDV判定程序、DNA分子技术发挥的作用、阈值和达到阈值时的纠纷解决途径等；确定了鉴定机构的遴选条件，为EDV制度分步实施提供技术储备。在宣传培训上，起草在《农民日报》上发表的科普文章《实施实质性派生品种制度 促进我国种业高质量发展》，并在各类培训班上开设EDV理论课程，普及知识，提高业内对制度的认识。

图1 国家育种联合四大攻关组签订EDV制度试点承诺书

图2 实质性派生品种制度研讨会

（二）审查测试规范建设

一是印发两个审查工作规范文件。《农业植物新品种保护在线申请和审查工作规范（试行）》规定，自2023年4月1日起，由原来线上线下相结合的申请审查模式转变为线上申请和审查，提升工作效率，减轻申请人负担。《农业植物新品种现场审查工作规范》规定，针对申请量少，或者具有较大社会、经济价值，或者育种技术、方法、成果等具有独创性，或者要求特殊栽培技术和管理措施的申请品种，可前往品种种植地开展现场审查，年内完

图3 首次现场审查天麻品种

① MNP，Multiple Nucleotide Polymorphism，多核苷酸多态性。

成2个天麻品种的审查（图3）。二是优化工作流程。实施"三三三"审查机制，实现3个工作日完成受理、3个月完成初审、3年有结果的工作流程，提升审查效率。三是征集第12批保护名录。共收集推荐建议近300份，涉及植物属种193个，经梳理，确认有效推荐属种164个，下一步将做好名录发布准备工作。四是编制《农业植物品种测试审查100问》，在农业农村部科技发展中心网站和农业农村部植物新品种测试中心微信公众号上发布，为申请人答疑解惑，提升信息服务能力。此外，编写出版《2022年农业植物新品种保护发展报告》及6期《农业植物新品种保护公报》。

（三）体系建设

在审查体系建设方面，扎实推进海南自由贸易港农业植物新品种审查协作中心（简称海南审协中心）建设。召开审协中心建设推进会（图4），总结工作进展，研究海南审协中心制度、机制和人才队伍建设，立足海南自由贸易港加强种业知识产权保护；与海南审协中心开展人员交流活动和进行业务指导培训，加强海南审协中心人员队伍建设；扩展海南审协中心审查范围，从主要承担国外和海南等省份的申请审查扩展到承担国外和13个省份的申请审查；延长审查环节，从协助受理审查扩展到参与中间事务审查、公报编辑、档案管理等环节。2023年，海南审协中心协助完成受理和初步审查各3 000余件，办理中间事务12件，参与起草农业植物新品种保护有关报告7篇。在测试体系建设方面，推进国家植物品种测试徐州中心项目建设。成立项目建设筹备工作组，组织专家完善可行性研究报告，项目先后通过农业农村部直属单位基本建设工作领导小组、部党组会审议，并报送国家发展和改革委员会评审。本着边筹建、边运行的理念，2023年徐州中心开展测试审查协作和田间测试工作，完成552份测试报告审查、11个品种现场考察，以及大豆、玉米、甘薯和小麦4种作物157个品种的测试（图5）。

图4　海南自由贸易港农业植物新品种审查协作中心建设推进会

图5　国家植物品种测试徐州中心项目建设筹备工作组会议

（四）能力建设

一是开展测试能力扩项工作。依托现有测试机构，开展了食用菌、草本药材和转基因作物等特色作物的测试能力扩项工作，遴选出13家生物育成品种、6家食用菌、5家草本药材、6家抗性鉴定DUS测试机构。二是组建专家组开展测试质量检测。对阜阳、玉林、杨凌等9家分中心开展测试质量检查（图6），促进测试机构质量管理水平持续提升；赴7个省份对54家单位的1 061个品种进行检查，全面摸底自主DUS测试情况，加强业内自主测试管理。三是启动样品清理工作。配合种业管理司，协同全国农业技术推广服务中心和植物新品种保藏中心共同制定了《加强农作物品种标准样品管理工作方案》，启动5万余份样品清理工作。四是采集样品指纹。全年采集保护和委托测试样品指纹12 475份，DNA指纹检测样品12 059份。五是开展指南审查。召开2次农业农村标准审查会，审查了《不结球白菜品种鉴定　SSR分子标记法》等29项标准，以及《植物品种特异性、一致性和稳定性测试指南　兜兰属》等9项自筹经费指南，为第12批保护名录的发布实施提供技术储备。

图6 开展自主 DUS 测试检查

（五）信息化平台建设

一是规划在线申请和审查办公自动化系统，新增电子文件归集、存储、下载等多项功能，升级现场审查、证书领取等模块，优化信息化办公流程，加强数据安全管理，管理平台实现申请、审查、查询、领取证书等全流程信息化。二是建成与我国品种权申请要求基本一致的 PRISMA 中文申请系统，2023 年，有 2 家国内单位通过该平台向美国和欧盟申请了莴苣、番茄和辣椒 3 种作物的 5 个品种权。三是开展农作物智能化表型测试和知识产权大数据支撑体系课题研究，提升表型测试效率和分子信息智能化水平（图7）。

图7 2023 年农业植物新品种保护信息化技术研讨会

四、宣传培训

（一）信息宣传

为强化种业振兴法治保障，促进育种创新成果转化，在徐州开展种业知识产权保护与运用推进行动（图8），行动由开幕式、农业植物新品种发展研讨会和农业植物新品种保护运用能力提升培训班等活动组成，搭建了品种权许可、转让、质押等政策指引和交流平台，并依托国家植物品种测试徐州中心，展示了235个农业植物新品种、10个农业新装备、2项新技术、7个农业新产品，活动起到了宣传种业知识产权保护、促进授权新品种推广应用的作用。本次行动被《农民日报》《徐州日报》和新华网等多家媒体报道，新闻总转发量达5 000多万次。

图8　2023年种业知识产权保护与运用推进行动

（二）人员培训

一是联合最高人民法院举办全国种业知识产权保护专题培训班（图9），种业管理人员、中高级知识产权法庭法官共150人参加线下培训，约3万人参加线上培训。二是组织新品种保护能力提升、解读EDV制度、DUS测试研制等7期培训班（图10），并利用中国种子大会、全国种子信息交流与产品交易会和博览会等平台对《中华人民共和国种子法》进行解读，派员赴湖北、宁夏、新疆、江西等省级种业培训班授课，不断提高普法的广度和深度。三是在广州、济南举办质量负责人培训班和测试技术研讨会，压实"技术负责人、质量负责人"的担子。四是在武汉举办分子和信息技术在植物品种测试中的应用研讨会，引领体系开展新技术、新方法的研究和应用。五是组织测试机构集体学习国际植物新品种保护联盟（UPOV）测试程序TGP文件，举办DUS青年论坛（图11），夯实测试体系人员理论基础。

图9　全国种业知识产权保护专题培训班

图10　2023年植物品种DUS测试与植物新品种保护能力提升培训班

图11　第三届DUS青年论坛

五、维权指导

一是推进行政与司法有机衔接。与司法部门加强资源共享、信息沟通，加快提升植物新品种保护能力，共同构建种业知识产权大保护工作格局。落实与最高人民法院关于加强种业知识产权保护的合作备忘录，联合举办全国种业知识产权保护专题培训班、开展党支部联合主题党日活动（图12）、赴大北农凤凰国际创新园向部分头部种业企业开展调研，增进种业知识产权与司法保护交流合作。此外，为最高人民法院知识产权法庭开通品种保护系统查询权限，提供USB Key、

图12　与最高人民法院开展联合主题党日活动

账号及操作手册，加强信息共享，梳理最高法品种保护司法案例，分享我国司法实践。二是发布典型案例。连续6年遴选发布农业植物新品种保护十大典型案例，全面提高全社会植物新品种保护意识，正确引导植物新品种维权执法。三是持续加强种业监管执法。按照全国种业监管执法年活动方案要求，加强品种标准样品管理，推进建立品种"身份证"，推动实现"一品种、一名称、一标样、一指纹"全流程可追溯的品种管理制度；加大品种保护力度，开展授权品种市场抽查和检测，终止不再符合被授予品种权时的特征和特性的品种权，并推进建立全国统一的侵权案件协查联办平台；严格种子市场管理，开展"双随机、一公开"抽查，广泛收集违法线索，严查套牌侵权违法行为，对违法行为发现一起，查处一起；提升执法能力，探索品种权保护执法的方式方法，加快完善种业知识产权侵权评判规则，不断提升种业执法效能。

六、国际合作与交流

与国内外相关部门共同起草《UPOV使用中文可行性英文报告》，持续推进UPOV使用中文项目。参加UPOV组织的各类会议（图13），邀请UPOV副秘书长Peter Button先生于2023年9月来华分享国际经验（图14），组织体系内人员参加UPOV植物新品种保护远程教育中文课程培训，强化与UPOV的合作交流。接待国际无性繁殖园艺植物育种家协会成员

来访（图15），接待欧盟专家来华评审食用菌品种DUS测试质量并得到高度认可（图16），组织参加发展亚洲区域植物新品种保护合作线上研讨会等10余个研讨会，密切与其他组织和国家的交流合作。向UPOV报送品种信息英文数据2 335条，发布在PLUTO数据库；在UPOV官网报送保护名录；向东亚植物新品种保护论坛报送我国品种保护实施策略和国家报告等，大力宣传我国品种保护发展成就。

图13　派员参加UPOV系列会议

图14　接待UPOV副秘书长来访

图15　接待国际无性繁殖园艺植物育种家协会成员来访

图16　接待欧盟专家来华评审食用菌品种DUS测试质量

第二章　申请授权情况

1999—2023年，农业植物新品种权申请量、授权量总体呈现增长趋势（图17）。2023年度申请量为14 278件，年度申请量连续7年居UPOV成员第1位，同比增加3 079件，增幅达27.49%，申请总量达76 914件；年度授权量为8 385件，年度授权量连续4年位居UPOV成员第1位，同比增加5 010件，增幅达148.44%，授权总量达31 486件。

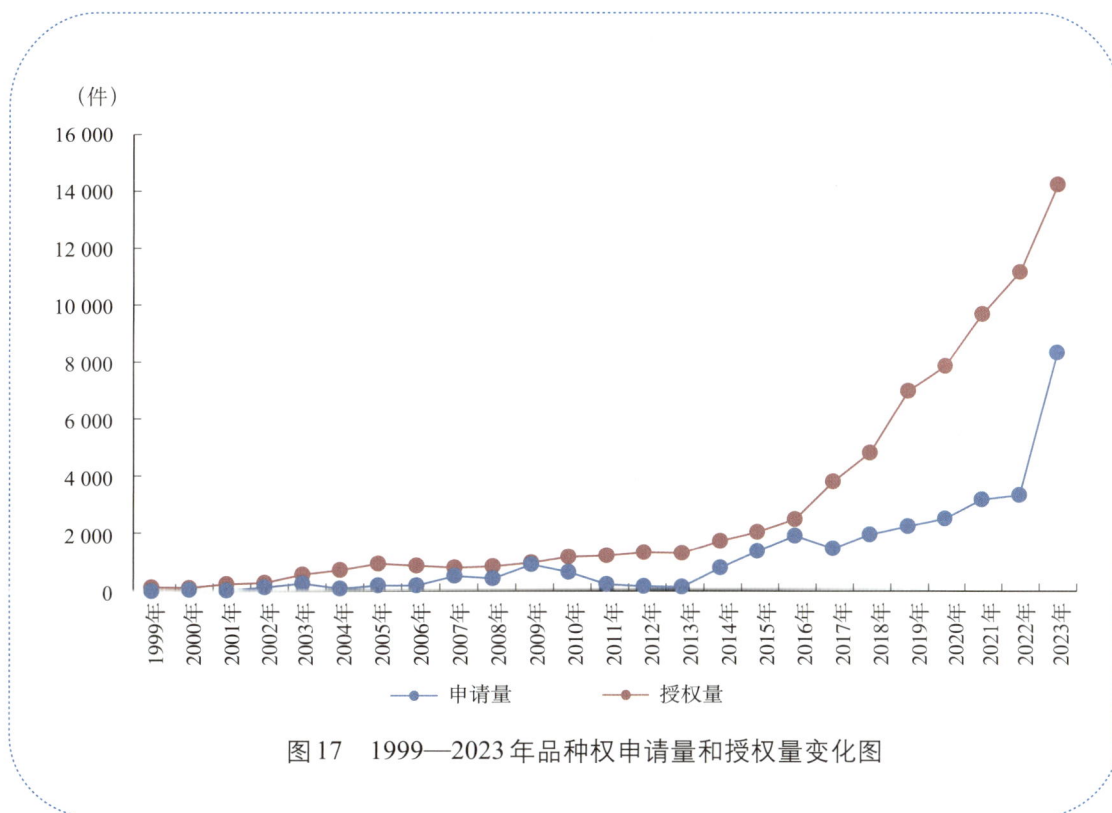

图17　1999—2023年品种权申请量和授权量变化图

一、作物种类申请授权情况

（一）累计申请授权情况

1999—2023年，各类作物的申请量总体保持逐年递增趋势（图18）。农业植物新品种权申请总量以大田作物为主，共57 315件，占比高达74.52％；其次为蔬菜10 113件，占比13.15％；观赏植物5 532件，占比7.19％；果树3 188件，占比4.14％；菌类405件，占比0.53％；药用植物304件，占比0.40％；牧草57件，占比0.07％（图19）。

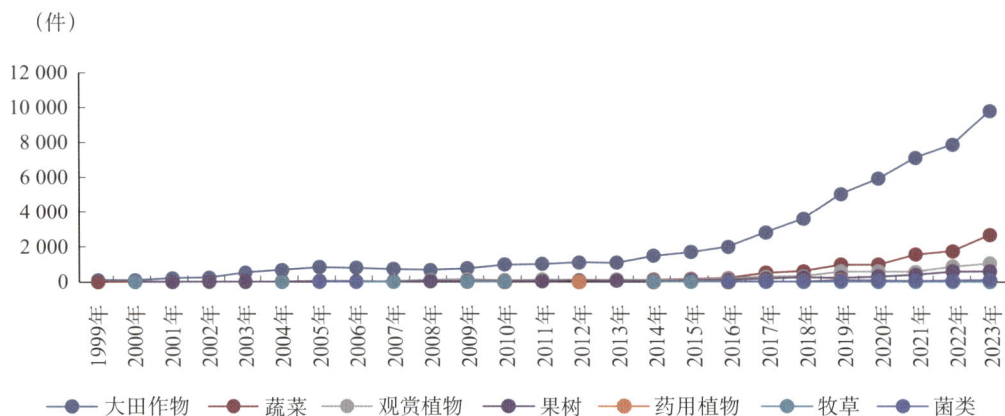

图18　1999—2023年不同作物种类年度申请总量变化图

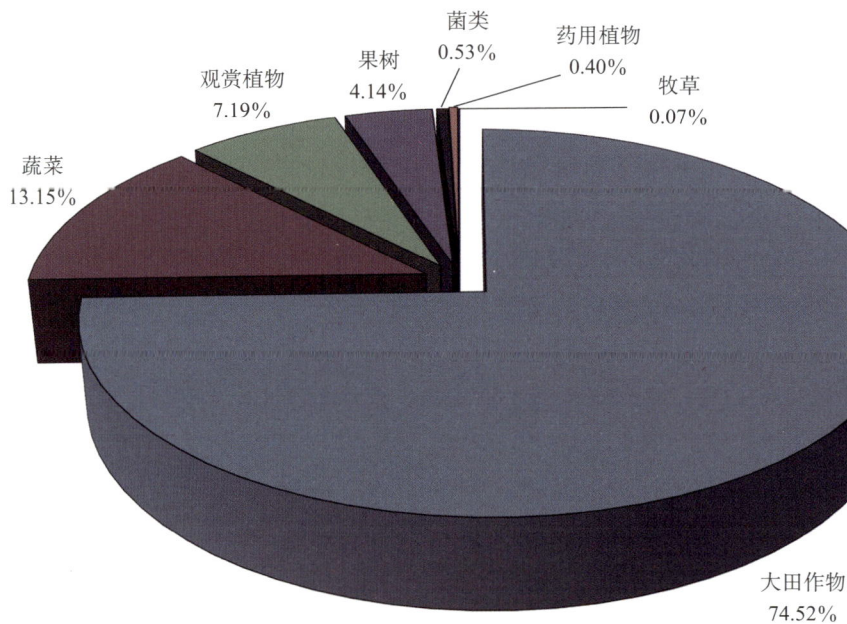

图19　1999—2023年不同作物种类申请总量分布图

1999—2023年，各类作物的授权总量与授权总量趋势基本保持一致（图20）。农业植物新品种权授权总量也以大田作物为主，共25 264件，占比高达80.24％；其次为蔬菜2 613件，占比8.30％；观赏植物2 291件，占比7.28％；果树1 108件，占比3.52％；菌类103件，占比0.33％；药用植物94件，占比0.30％；牧草13件，占比0.04％；（图21）。

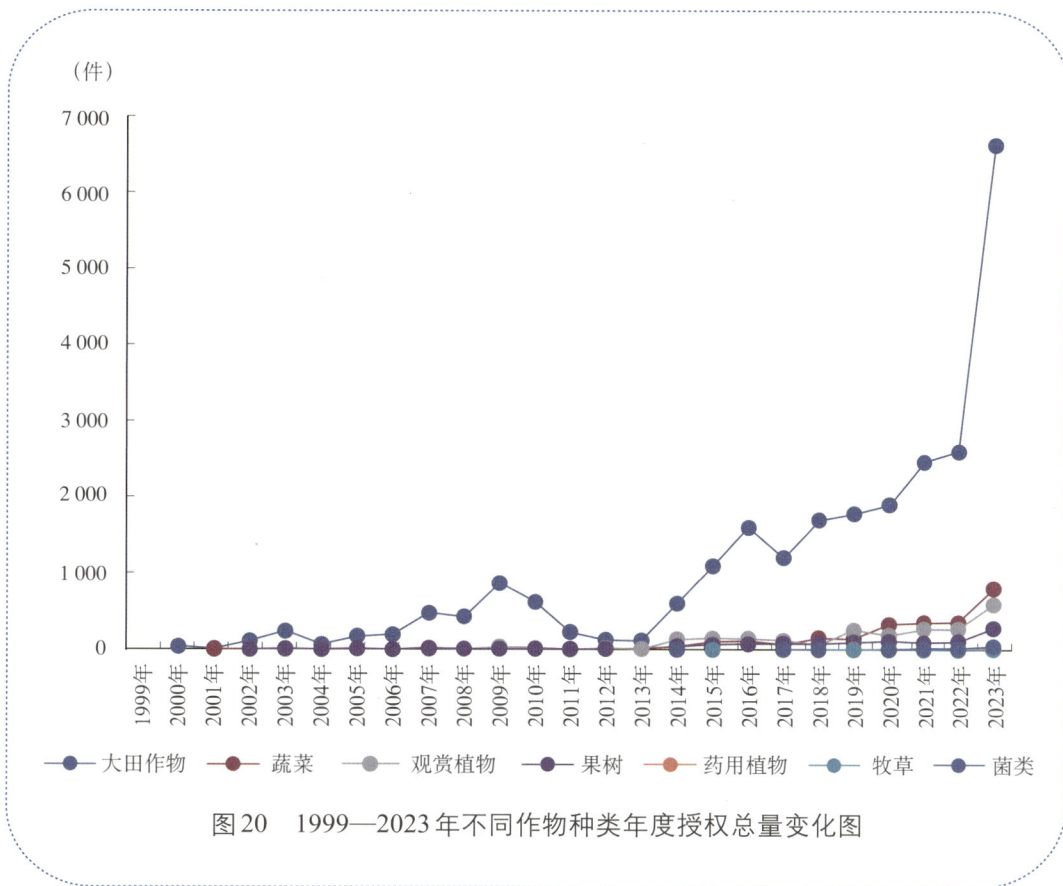

图20 1999—2023年不同作物种类年度授权总量变化图

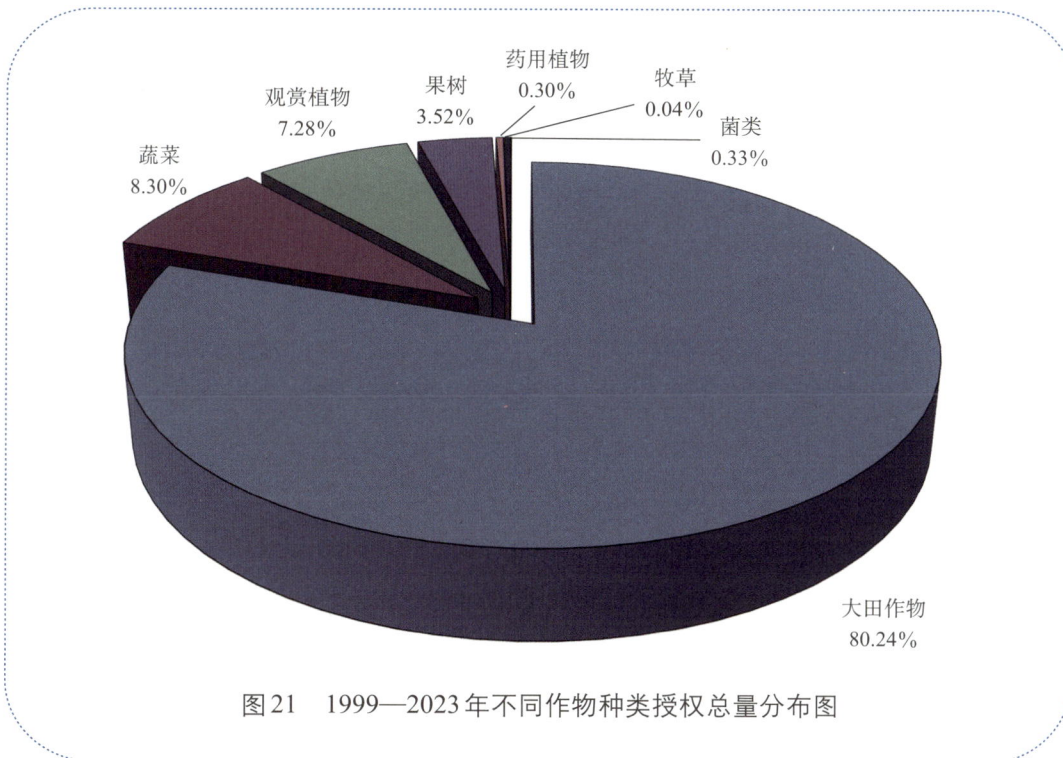

图21 1999—2023年不同作物种类授权总量分布图

（二）2023年申请授权情况

2023年，大田作物品种申请9 799件，在年度申请量中占比68.63%，同比增长24.48%；蔬菜2 676件，占比18.74%，同比增长53.09%；观赏植物1 049件，占比7.35%，同比增长

20.44%；果树599件，占比4.20%，同比增长1.01%；菌类、药用植物和牧草分别为98件、49件和8件，占比分别为0.69%、0.34%和0.06%（图22）。

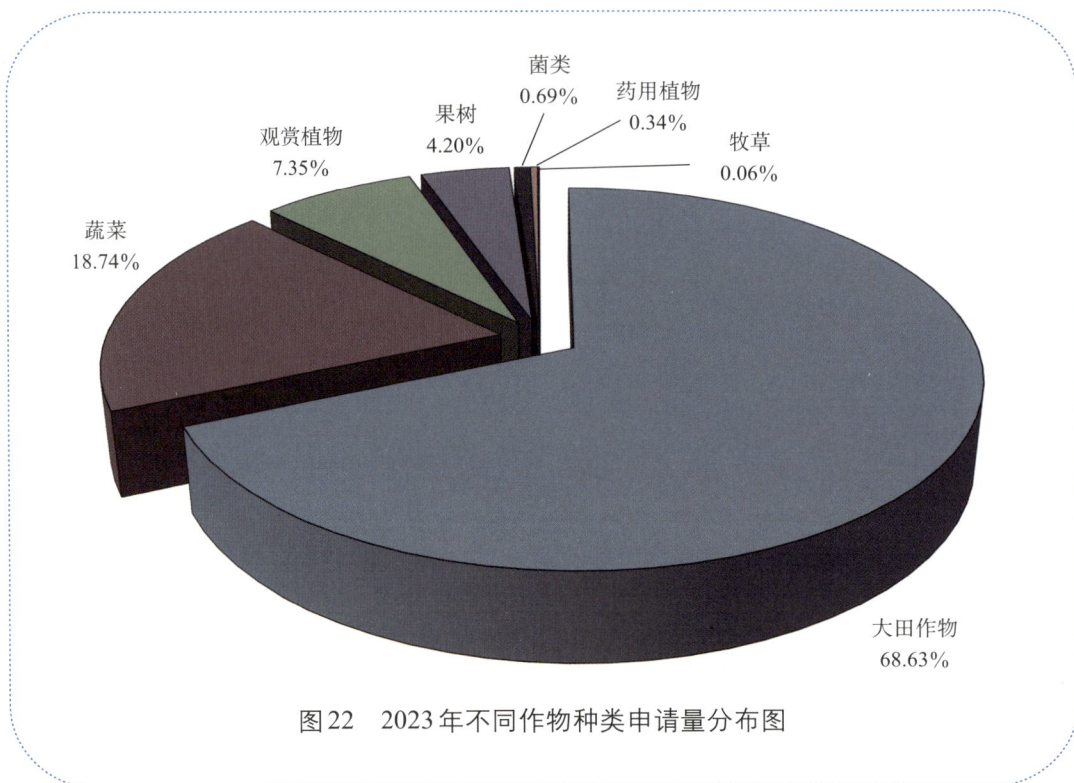

图22　2023年不同作物种类申请量分布图

2023年，大田作物品种获得授权6 619件，在年度授权量中占比78.94%，同比增长154.97%；蔬菜800件，占比9.54%，同比增长122.22%；观赏植物595件，占比7.10%，同比增长120.37%；果树282件，占比3.36%，同比增长16.55%；菌类、药用植物和牧草分别为47件、37件和5件，占比分别为0.56%、0.44%和0.06%（图23）。

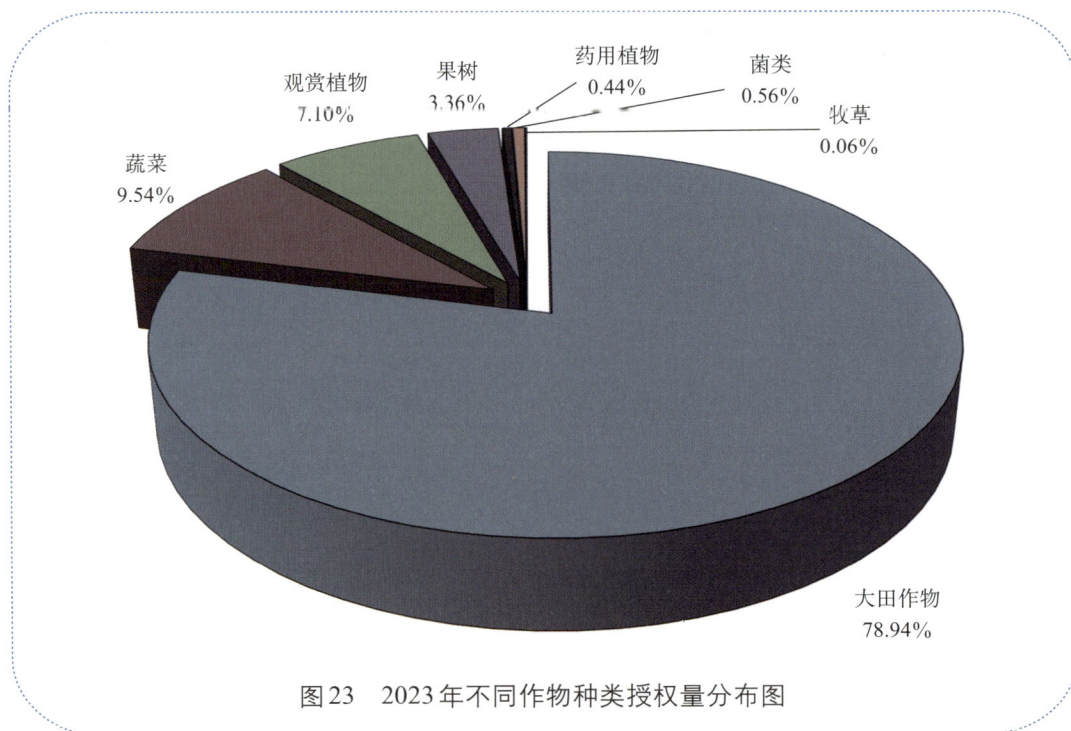

图23　2023年不同作物种类授权量分布图

二、国内申请主体和品种权主体情况

（一）地区分析

1999—2023年，来自国内主体的农业植物新品种权申请总量在地区间分布见图24。其中，北京市以申请6 862件位居各省份之首，占国内申请总量的9.40%，其次为河南省，申请6 291件，占比8.62%。此外，山东省、黑龙江省、江苏省、安徽省、河北省、广东省和湖南省的申请量均在3 000件以上。

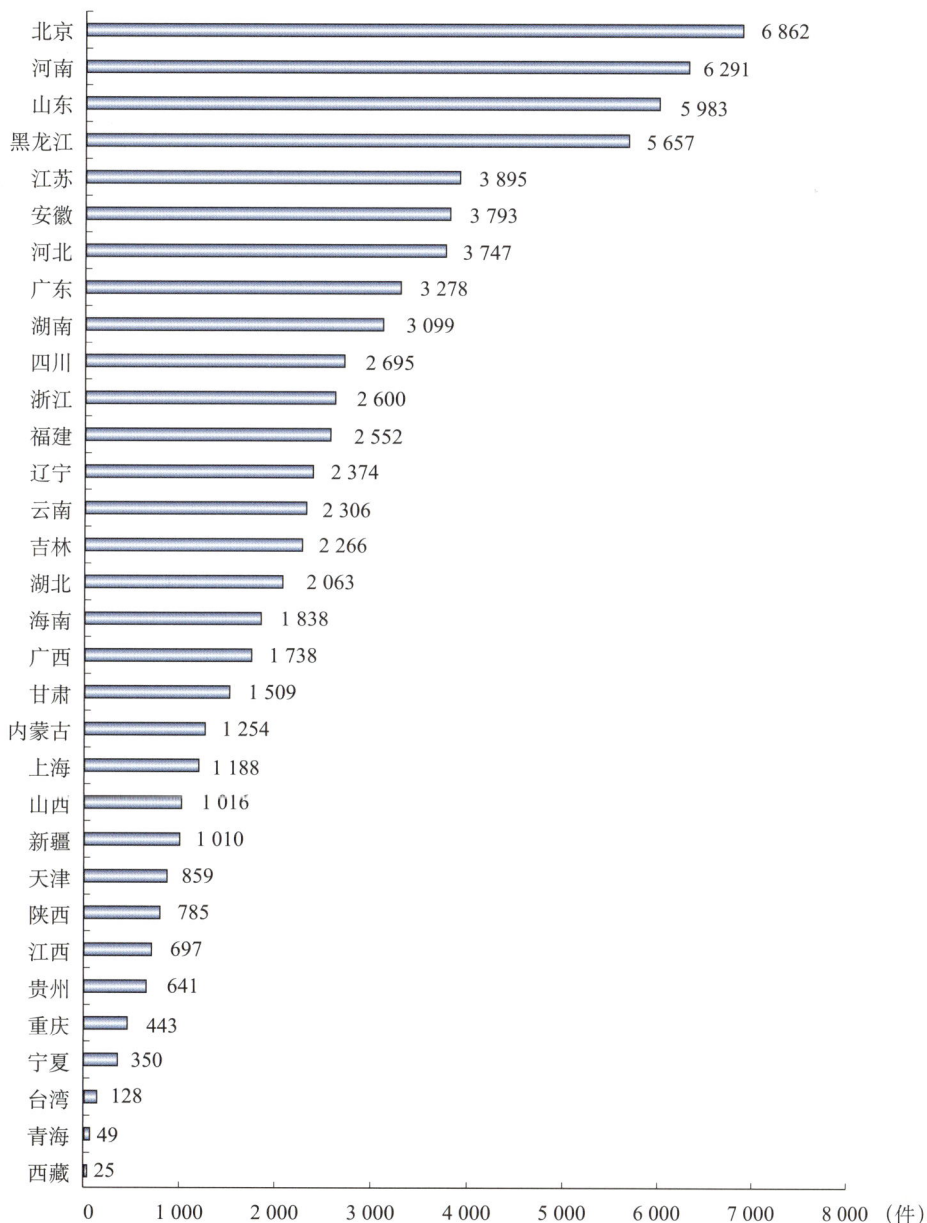

图24　1999—2023年国内申请总量地域分布图

1999—2023年，国内主体获得的农业植物新品种权授权总量中，河南省以2 908件位居各省份之首，占国内授权总量的9.83%，其次为北京市，获得授权2 866件，占比9.68%。此外，山东省、黑龙江省、江苏省、安徽省、河北省、四川省、湖南省、广东省、吉林省和云南省获得的授权量均在1 000件以上（图25）。

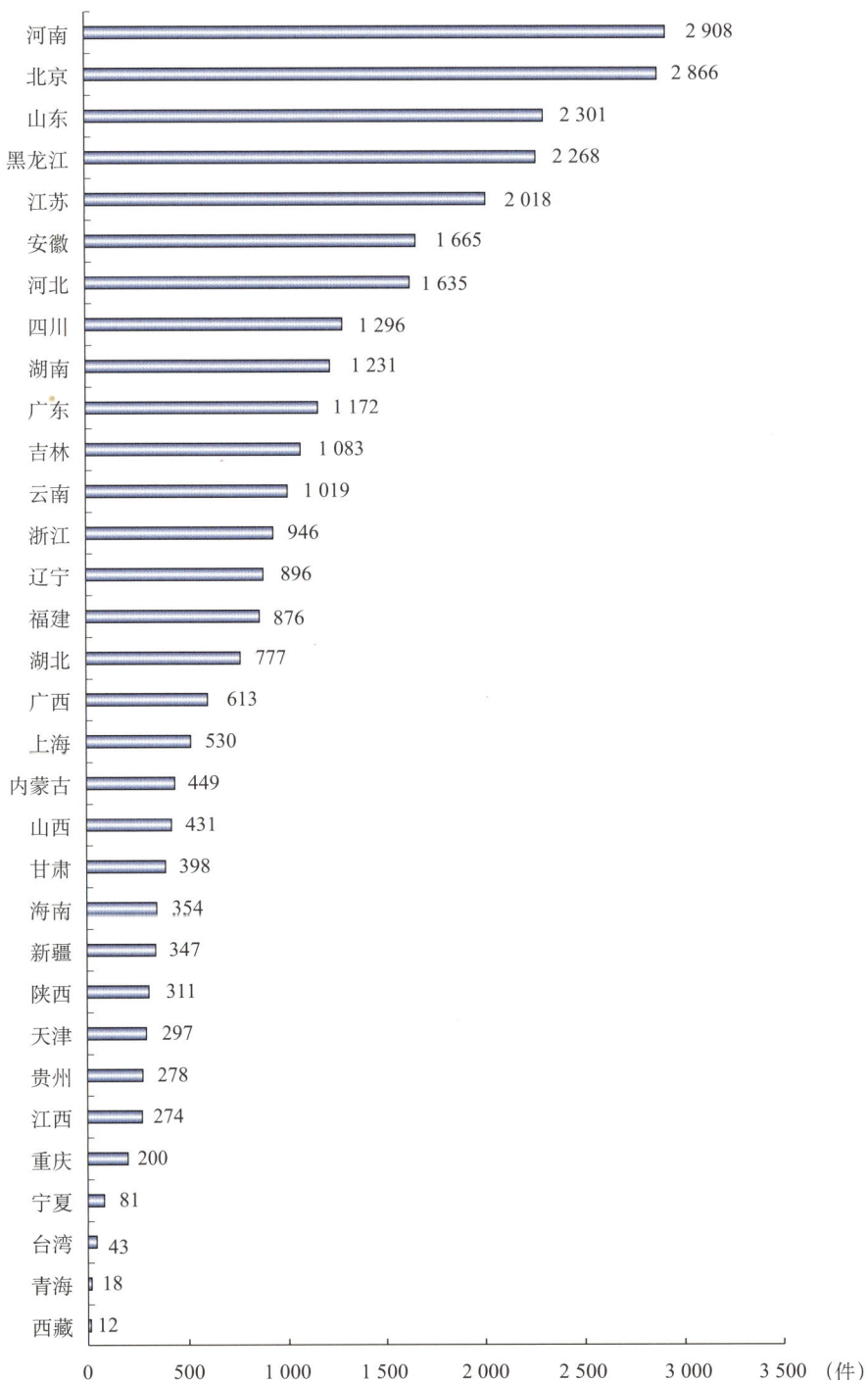

地区	授权量
河南	2 908
北京	2 866
山东	2 301
黑龙江	2 268
江苏	2 018
安徽	1 665
河北	1 635
四川	1 296
湖南	1 231
广东	1 172
吉林	1 083
云南	1 019
浙江	946
辽宁	896
福建	876
湖北	777
广西	613
上海	530
内蒙古	449
山西	431
甘肃	398
海南	354
新疆	347
陕西	311
天津	297
贵州	278
江西	274
重庆	200
宁夏	81
台湾	43
青海	18
西藏	12

图25　1999—2023年国内授权总量地域分布图

2023年，来自国内主体的农业植物新品种权申请量以北京市最多，达1296件，占国内申请量的9.34%，其次为山东省，申请1205件，占比8.68%。黑龙江省、河南省、广东省、江苏省、安徽省、辽宁省、湖南省、河北省、海南省、福建省和浙江省的申请量均在500件以上（图26）。

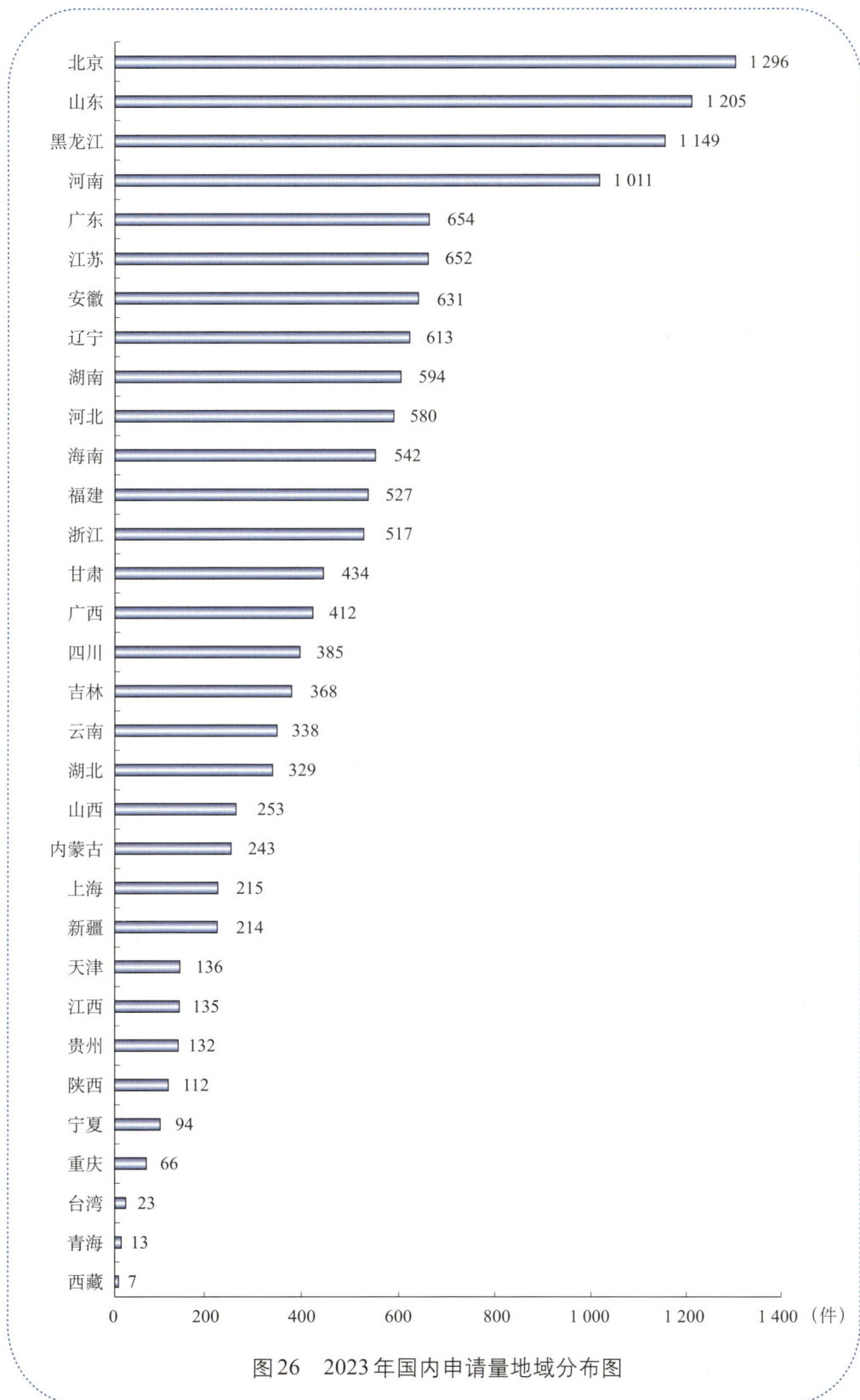

图26 2023年国内申请量地域分布图

2023年，国内主体获得的农业植物新品种授权量中，河南省以927件位居各省份之首，占国内授权量的11.68%；黑龙江省以658件居第2位，占国内授权总量的8.29%。此外，北京市、山东省、河北省、江苏省、安徽省和广东省获得的授权量均在300件以上（图27）。

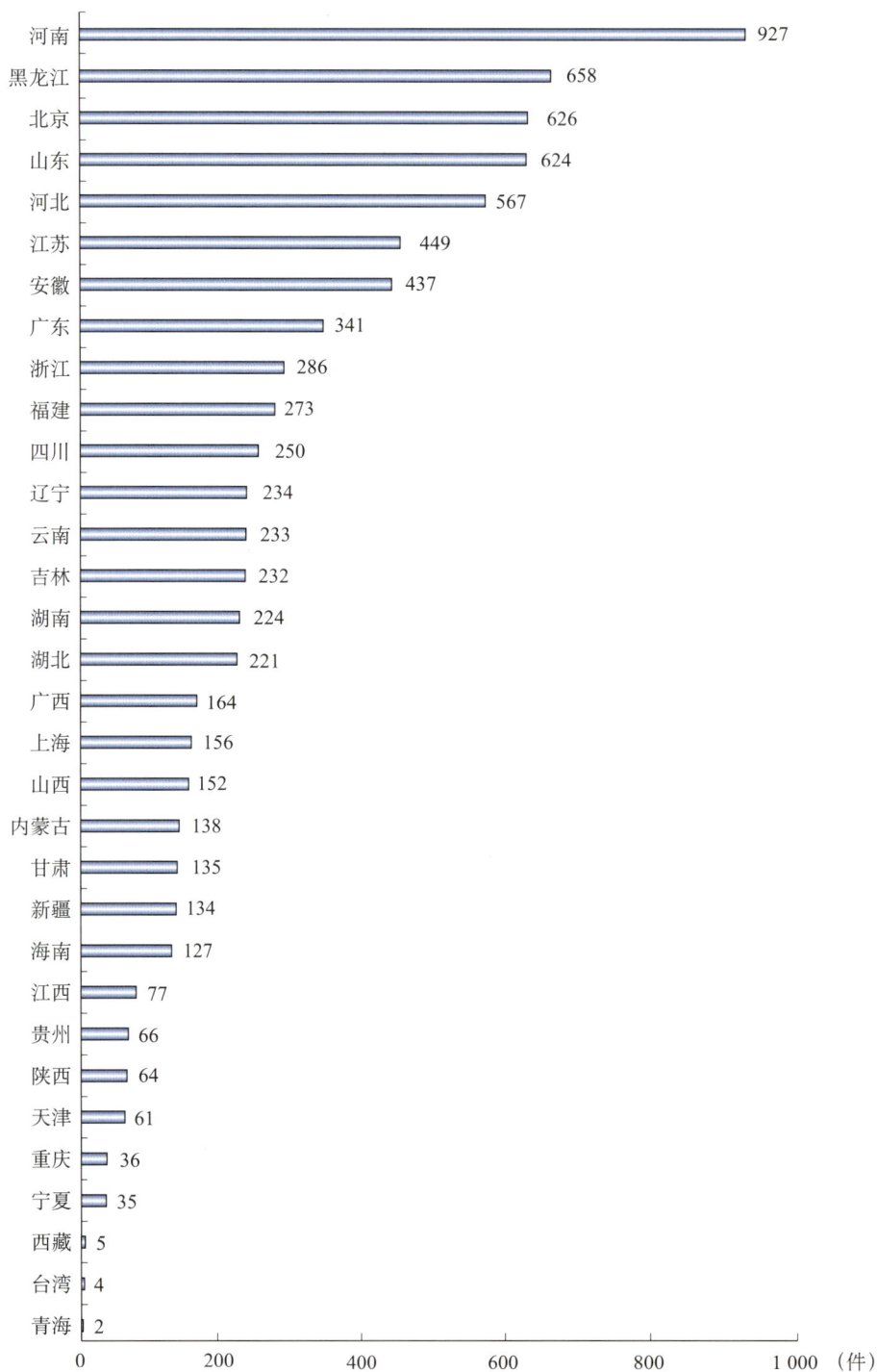

图27 2023年国内授权量地域分布图

（二）主体性质分析

1999—2023 年，共有 72 991 件农业植物新品种权申请来自国内申请主体，其中以企业和科研单位为主，分别为 38 395 件和 26 876 件，占比分别为 52.60% 和 36.82%。来自教学单位和个人的申请分别为 4 942 件和 2 778 件，占比分别为 6.77% 和 3.81%（图28）。

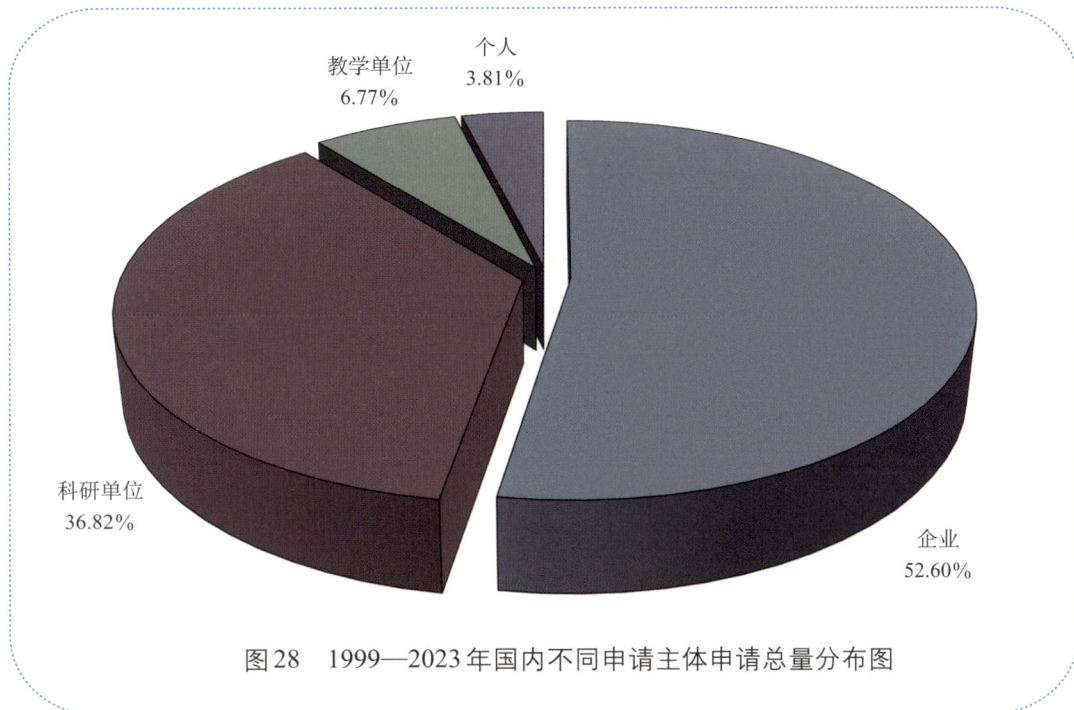

教学单位 6.77%
个人 3.81%
科研单位 36.82%
企业 52.60%

图28　1999—2023 年国内不同申请主体申请总量分布图

1999—2023 年，国内品种权主体共获得授权 29 593 件，其中，企业获得授权 14 230 件，占比 48.09%；科研单位获得授权 12 263 件，占比 41.44%；教学单位获得授权 2 193 件，占比 7.41%；个人获得授权 907 件，占比 3.06%（图29）。

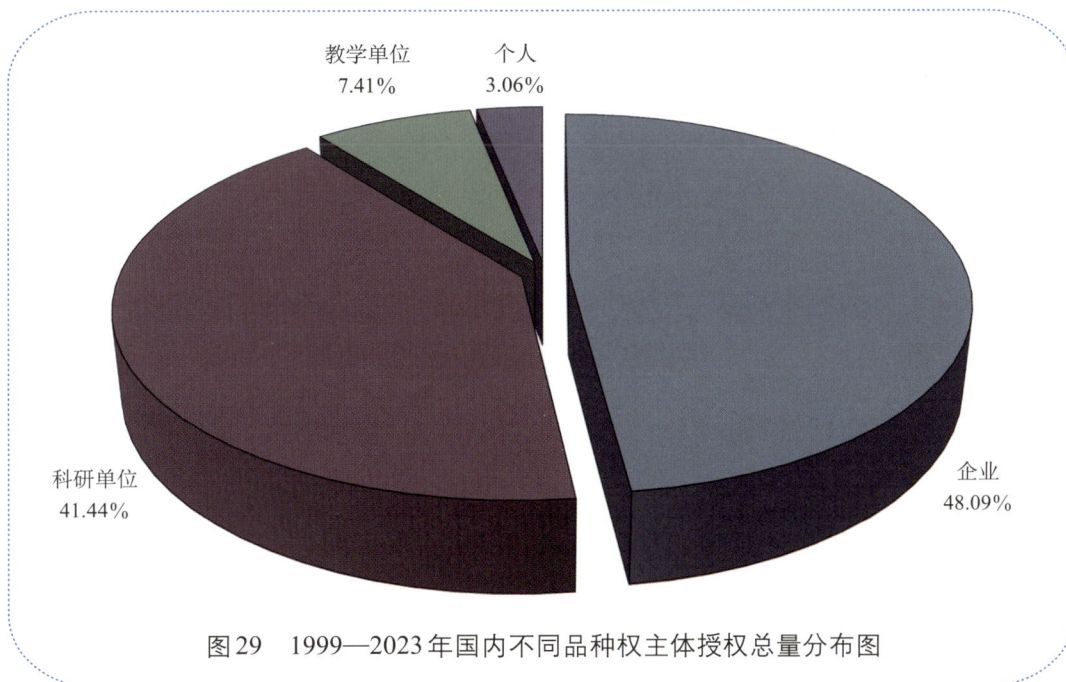

教学单位 7.41%
个人 3.06%
科研单位 41.44%
企业 48.09%

图29　1999—2023 年国内不同品种权主体授权总量分布图

2023年，共有13 880件农业植物新品种权申请来自国内申请主体，其中，企业申请达7 690件，占比55.40%；科研单位申请4 809件，占比34.65%；教学单位申请872件，占比6.28%；个人申请509件，占比3.67%（图30、图31）。企业年申请量连续13年超过科研单位。

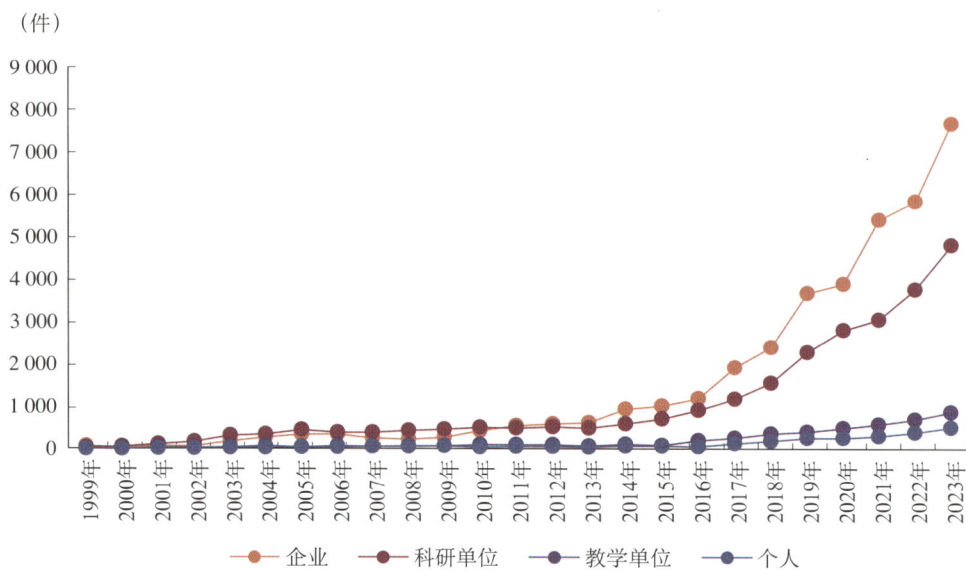

图30　1999—2023年国内不同申请主体年度趋势图

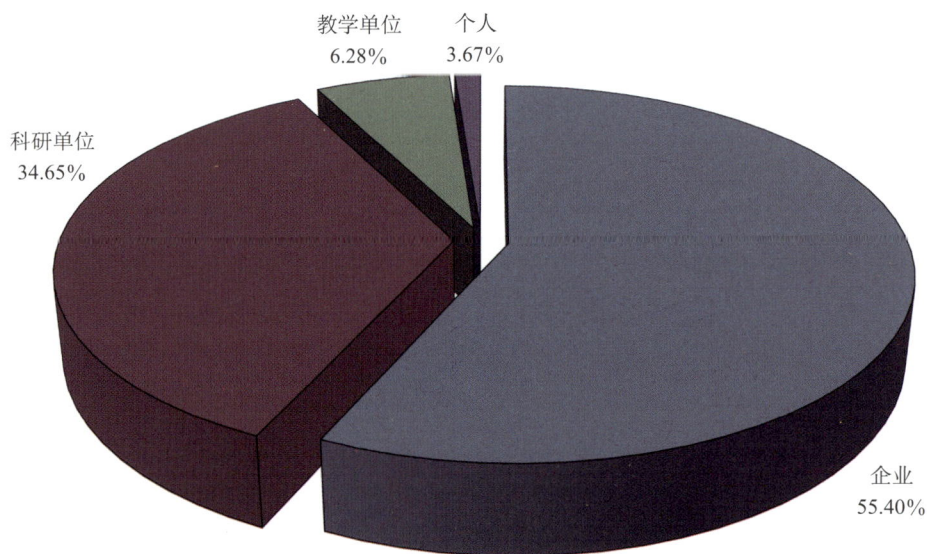

图31　2023年国内不同申请主体申请量分布图

2023年，国内品种权主体共获得授权7 938件，其中，企业获得授权4 134件，占比52.08%；科研单位获得授权3 018件，占比38.02%；教学单位获得授权570件，占比7.18%；个人获得授权216件，占比2.72%（图32）。

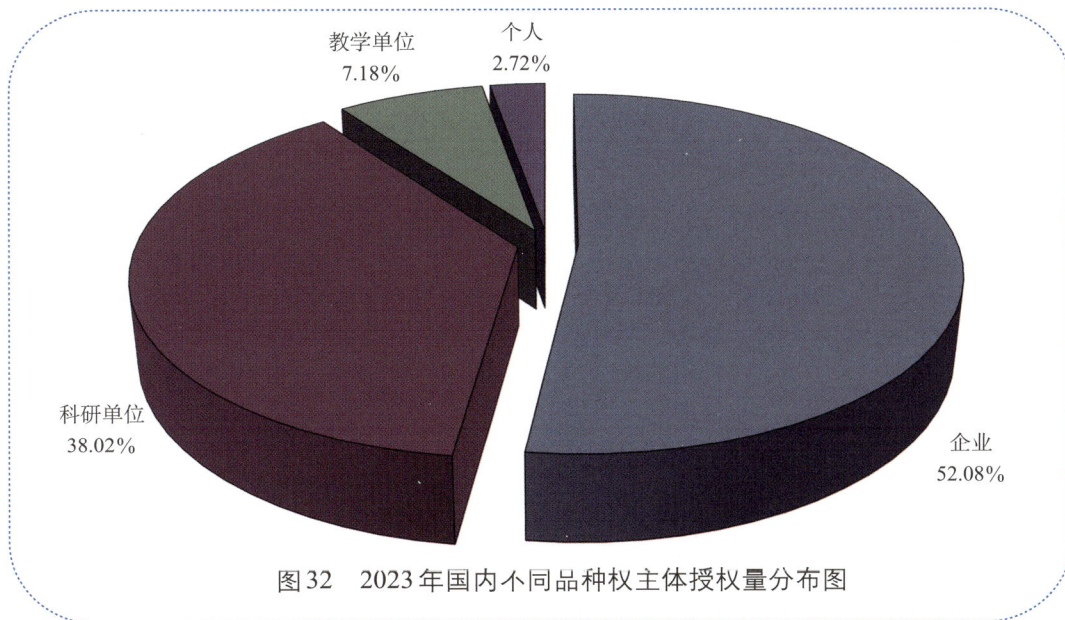

图32　2023年国内不同品种权主体授权量分布图

三、国外申请主体和品种权主体情况

（一）国别分析

1999—2023年，来自国外主体的品种权申请共计3 923件，占申请总量的5.10%（其他接受国外申请情况参见第四章），涉及25个国家。其中，荷兰申请1 212件，位居各国之首，占比30.89%；其次为美国，申请1 015件，占比25.87%（图33）。

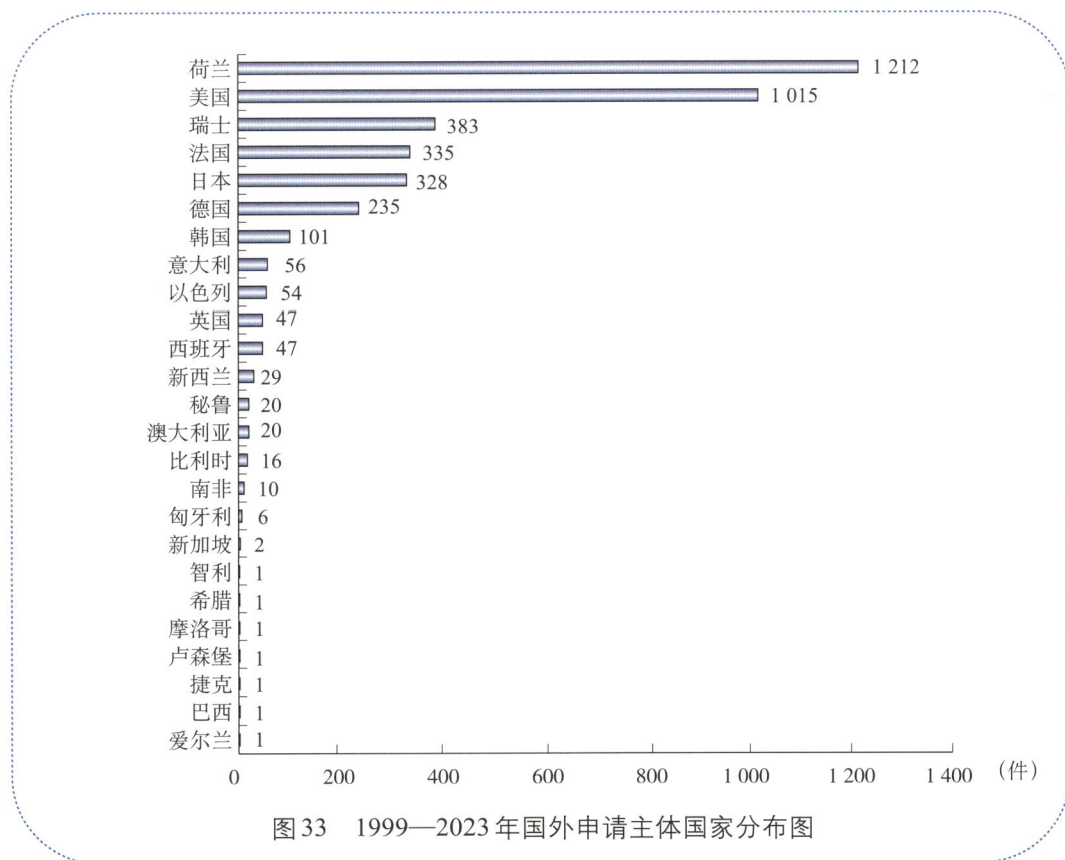

图33　1999—2023年国外申请主体国家分布图

1999—2023年，国外主体累计获得品种权授权1 893件，占授权总量的6.01%。其中，荷兰获得授权624件，位居各国之首，占比32.96%，其次为美国，获得授权615件，占比32.49%（图34）。

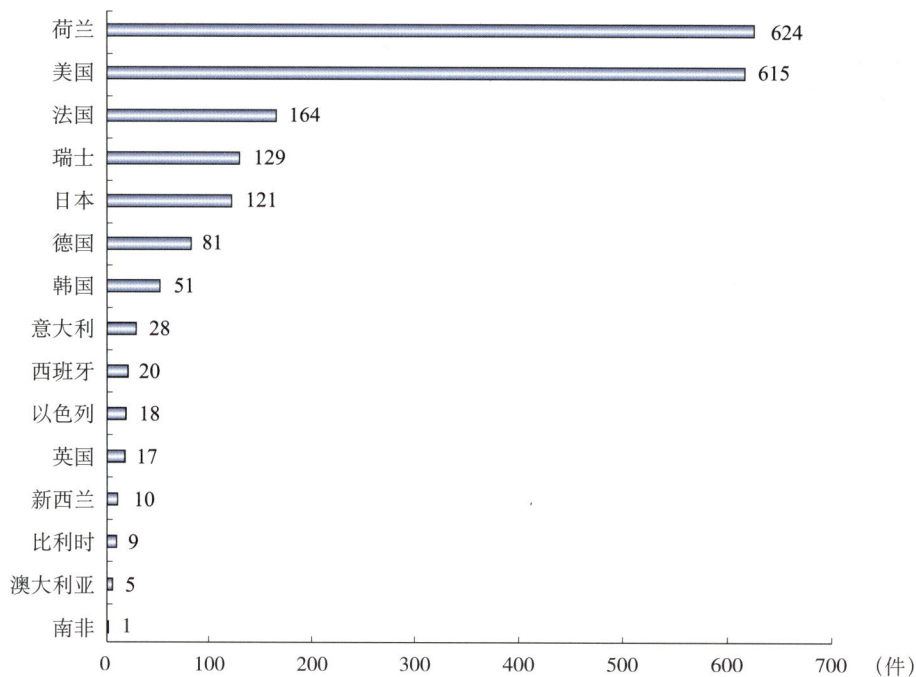

图34　1999—2023年国外品种权主体国家分布图

2023年，国外主体共申请品种权398件，占年度申请量的2.79%，涉及16个国家。其中，荷兰以147件申请位居各国之首，占比36.93%；其次为美国，申请61件，占比15.33%（图35）。

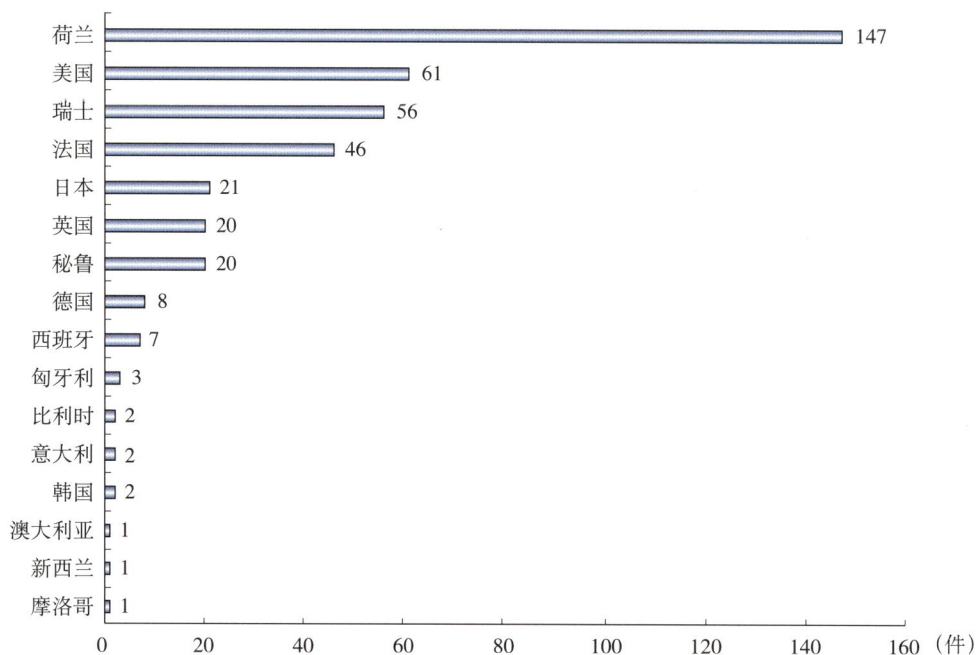

图35　2023年国外申请主体国家分布图

2023年，国外主体共获得品种权授权447件，占年度授权量的5.33%。其中，美国获得授权127件，位居各国之首，占比28.41%；其次为荷兰，获得授权81件，占比18.12%（图36）。

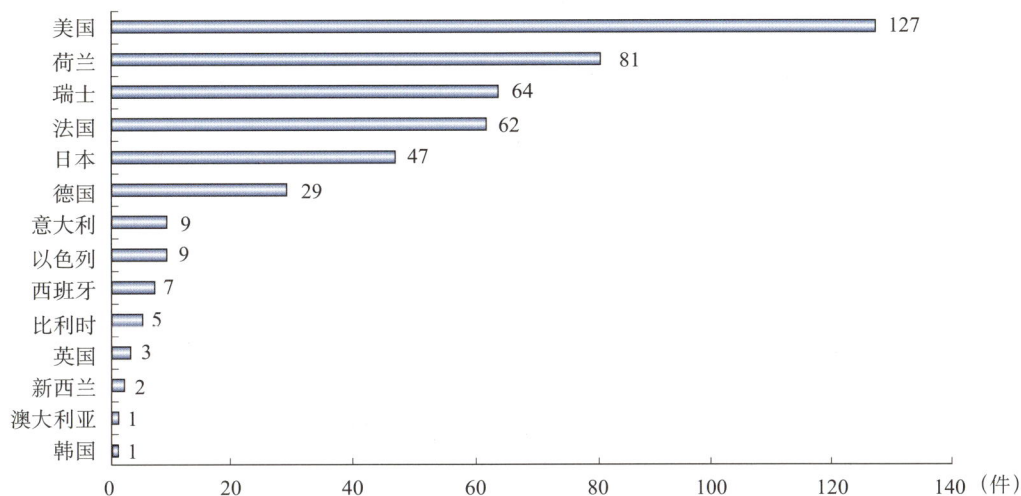

图36　2023年国外品种权主体国家分布图

（二）主体性质分析

1999—2023年，国外申请主体以企业为主，共申请3 677件，占比高达93.73%；科研单位申请158件，占比4.03%；教学单位申请47件，占比1.20%；个人申请41件，占比1.05%（图37）。

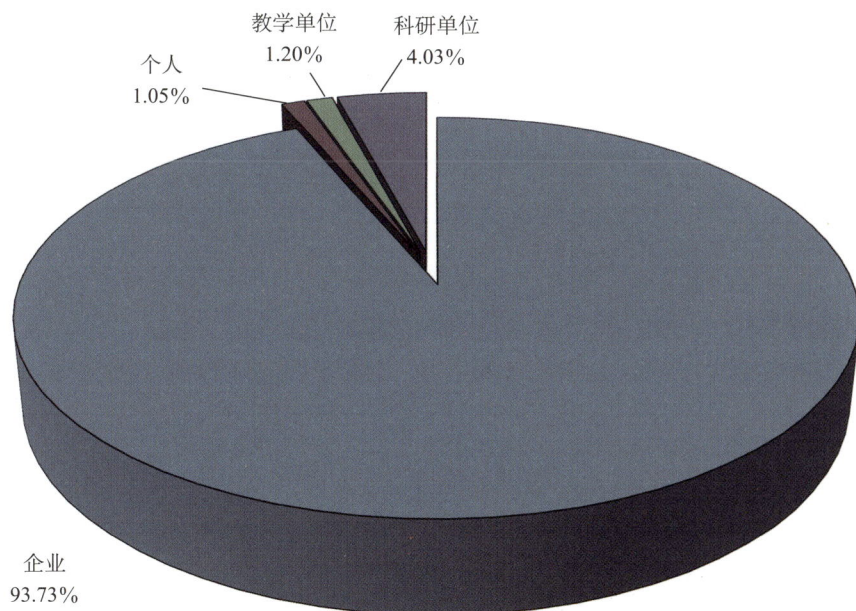

图37　1999—2023年国外申请主体类型分布图

2023年，国外申请主体以企业为主，共申请386件，占比96.98%；科研单位申请11件，占比2.76%；个人申请1件，占比0.25%；教学单位无申请记录（图38）。

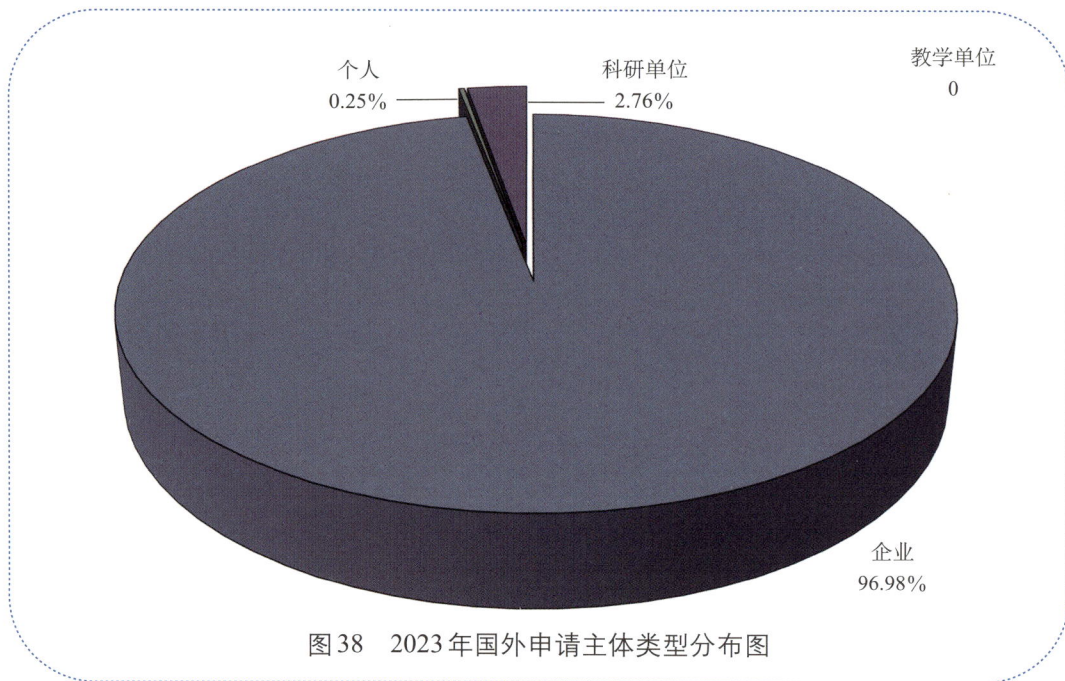

图38 2023年国外申请主体类型分布图

（三）作物种类分析

1999—2023年，来自国外申请主体的品种权申请总量以大田作物和观赏植物为主，其中，大田作物1 657件，占比42.24%；观赏植物1 415件，占比36.07%；果树479件，占比12.21%；蔬菜325件，占比8.28%；菌类、药用植物和牧草分别为28件、16件和3件，占比分别为0.71%、0.41%和0.08%（图39）。

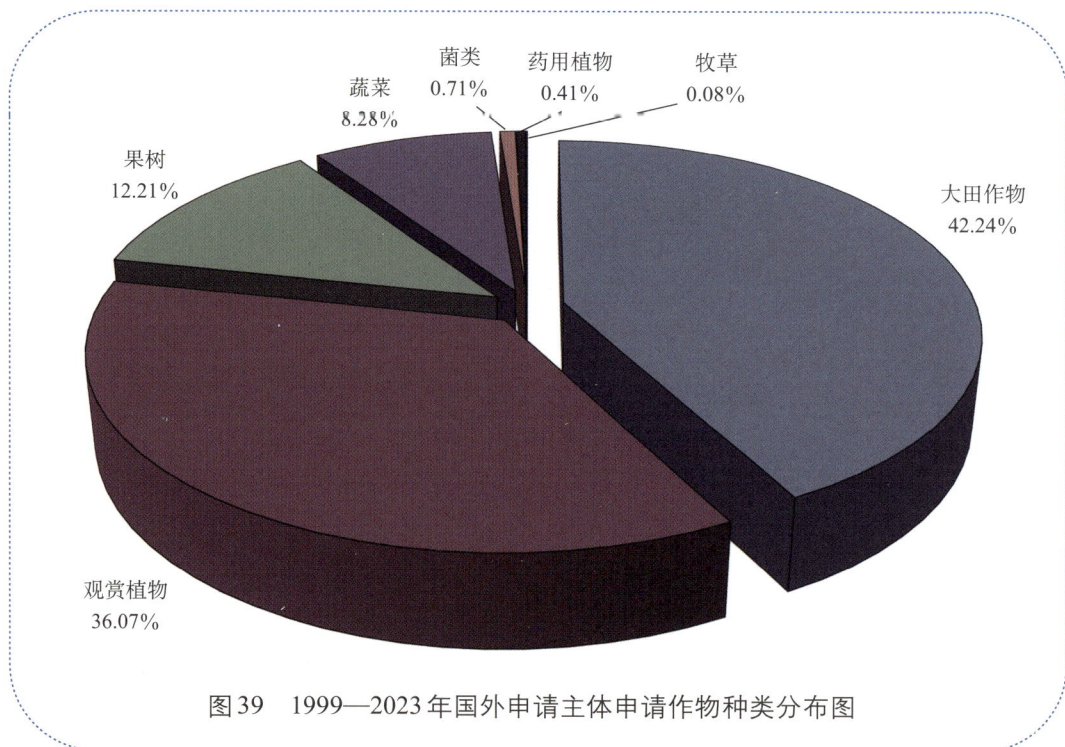

图39 1999—2023年国外申请主体申请作物种类分布图

2023年，国外申请的作物种类以观赏植物为主，其中，观赏植物181件，占比45.48%；大田作物146件，占比36.68%；蔬菜37件，占比9.30%；果树33件，占比8.29%；菌类1件，占比0.25%，药用植物和牧草无申请记录（图40）。

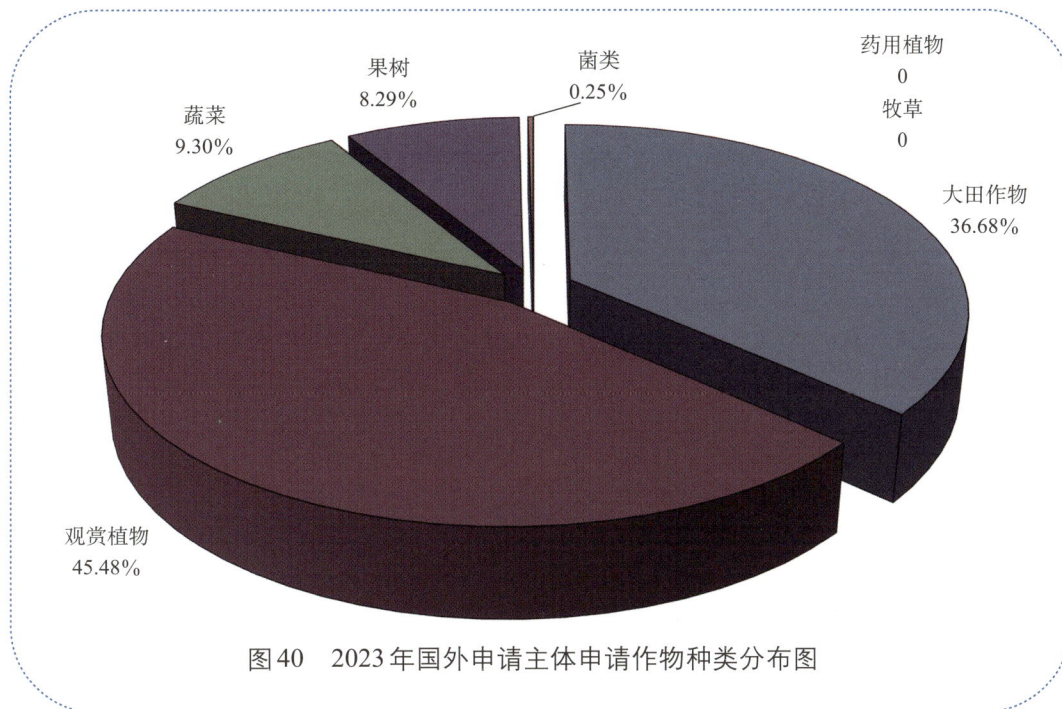

图40　2023年国外申请主体申请作物种类分布图

四、国内向国外品种权申请授权情况

2000—2023年，我国共向欧盟、越南、美国等26个国家和组织申请品种权381件，其中获得授权172件，授权比例为45.14%（表1）。

表1　2000—2023年中国在国外申请授权品种权情况

UPOV成员	在国外申请（件）	在国外授权（件）	在国外获得授权比例（%）
欧盟	79	28	35.44
越南	57	30	52.63
美国	59	43	72.88
日本	49	6	12.24
荷兰	15	4	26.67
澳大利亚	14	8	57.14
智利	11	10	90.91
阿根廷	12	5	41.67
新西兰	6	2	33.33

UPOV成员	在国外申请（件）	在国外授权（件）	在国外获得授权比例（%）
南非	20	8	40.00
乌拉圭	5	5	100.00
韩国	10	3	30.00
乌克兰	2	0	0
以色列	5	3	60.00
加拿大	2	0	0
巴西	6	4	66.67
巴拉圭	3	2	66.67
肯尼亚	3	0	0
瑞士	1	1	100.00
巴拿马	0	1	—
摩洛哥	2	2	100.00
秘鲁	2	2	100.00
墨西哥	3	2	66.67
俄罗斯	6	1	16.67
英国	2	0	0
土耳其	7	2	28.57
合计	381	172	45.14

注：数据整理自UPOV官网。其中，UPOV官网数据显示我国在巴拿马获得授权1件，但统计时未发现我国在巴拿马的申请记录，所以词条数据有争议。

五、申请量/授权量排行情况

（一）作物种类

1999—2023年，大田作物申请总量中居前5位的是玉米、水稻、普通小麦、大豆和棉属品种，共占大田作物申请总量的90.42%，占所有作物申请总量的67.38%。玉米和水稻品种占据绝对优势，分别占大田作物申请总量的43.35%和31.47%。在蔬菜、观赏植物、果树类作物申请总量中居首位的分别是辣椒属、蝴蝶兰属、苹果属品种，占比分别为17.36%、27.87%、13.02%（表2）。

表2　1999—2023年四大类作物申请总量居前10位的植物属种分布

作物种类	属种	申请量（件）	占申请总量比例（%）	作物种类	属种	申请量（件）	占申请总量比例（%）
大田作物	玉米	24 845	32.30	蔬菜	辣椒属	1 756	2.28
	水稻	18 038	23.45		普通番茄	1 516	1.97
	普通小麦	4 817	6.26		普通西瓜	930	1.21
	大豆	2 920	3.80		黄瓜	698	0.91
	棉属	1 204	1.57		甜瓜	680	0.88
	花生	918	1.19		不结球白菜	663	0.86
	甘蓝型油菜	823	1.07		大白菜	509	0.66
	茶组	557	0.72		西葫芦	322	0.42
	马铃薯	501	0.65		普通结球甘蓝	312	0.41
	向日葵	472	0.61		食用萝卜	304	0.40
观赏植物	蝴蝶兰属	1 542	2.00	果树	苹果属	415	0.54
	菊属	1 359	1.77		葡萄属	374	0.49
	花烛属	463	0.60		猕猴桃属	340	0.44
	石竹属	332	0.43		草莓	338	0.44
	非洲菊	278	0.36		桃	327	0.43
	朱顶红属	248	0.32		梨属	282	0.37
	兰属	203	0.26		柑橘属	281	0.37
	百合属	177	0.23		樱桃	132	0.17
	莲	154	0.20		香蕉	104	0.14
	矮牵牛（碧冬茄）	119	0.15		凤梨属	88	0.11

同比2022年，2023年大田作物申请量居前10位的属种中，棉属品种申请量降至第8位，而花生品种申请量上升至第5位（表3）。其中：玉米品种4418件，含自交系2 726件，占比61.70%，单交种1 533件，占比34.70%，杂交种、三交种、双交种以及其他类型分别为144件、11件、3件和1件（图41）；水稻品种2 968件，含常规种1463件，占比49.29%，恢复系539件，占比18.16件，不育系365件，占比12.3%，两系杂交种、三系杂交种、杂交种和保持系分别为227件、223件、96件和55件（图42）；普通小麦品种768件，含常规种764件，占比99.48%，杂交种、两系杂交种以及其他类型分别为2件、1件和1件（图43）；大豆品种535件，含常规种518件，占比96.82%，其他类型17件，占比3.18%（图44）；棉属品种129件，含常规种66件，占比51.16%，转基因常规种48件，占比37.21%，杂交种和转基因杂交种分别为2件和13件。129件棉属品种中，转基因品种72件，占比55.81%，非转基因品种57件，占比44.19%（图45）。

表3　2023年四大类作物申请量居前10位的植物属种分布

作物种类	属种	申请量（件）	占申请量比例（%）	作物种类	属种	申请量（件）	占申请量比例（%）
大田作物	玉米	4 418	30.94	蔬菜	辣椒属	499	3.49
	水稻	2 968	20.79		普通番茄	440	3.08
	普通小麦	768	5.38		普通西瓜	200	1.40
	大豆	535	3.75		甜瓜	196	1.37
	花生	152	1.06		不结球白菜	156	1.09
	向日葵	139	0.97		黄瓜	155	1.09
	茶组	129	0.90		大白菜	134	0.94
	棉属	129	0.90		食用萝卜	126	0.88
	甘蓝型油菜	102	0.71		西葫芦	124	0.87
	甘薯	93	0.65		南瓜	87	0.61
观赏植物	蝴蝶兰属	406	2.84	果树	柑橘属	68	0.48
	菊属	234	1.64		葡萄属	68	0.48
	朱顶红属	68	0.48		桃	50	0.35
	花烛属	59	0.41		草莓	45	0.32
	石竹属	43	0.30		猕猴桃属	43	0.30
	鸢尾属	38	0.27		梨属	42	0.29
	矮牵牛（碧冬茄）	32	0.22		苹果属	40	0.28
	兰属	26	0.18		凤梨属	39	0.27
	莲	24	0.17		量天尺属	31	0.22
	睡莲属	21	0.15		樱桃	28	0.20

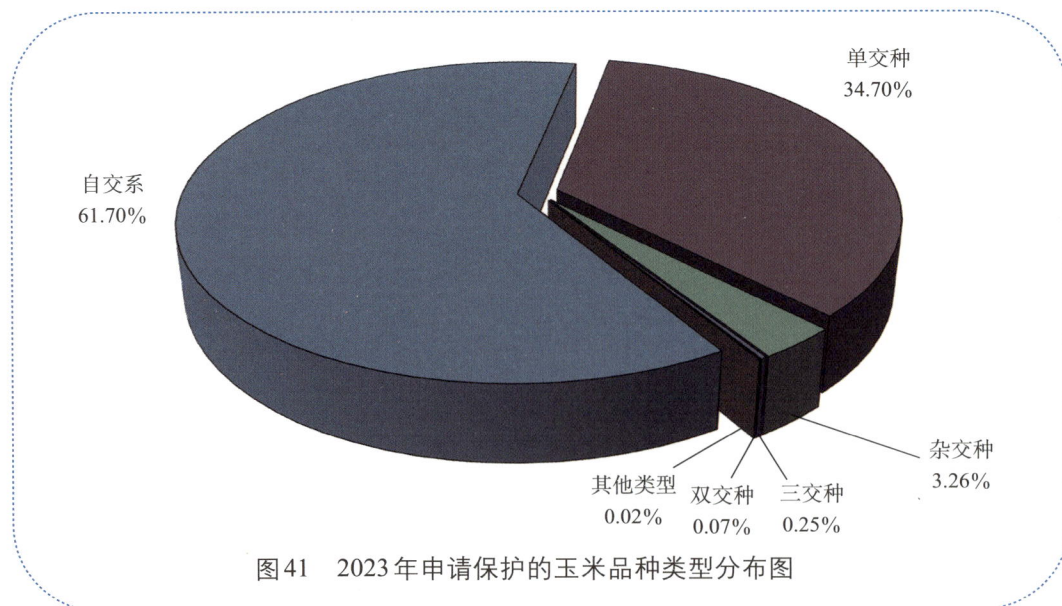

图41　2023年申请保护的玉米品种类型分布图

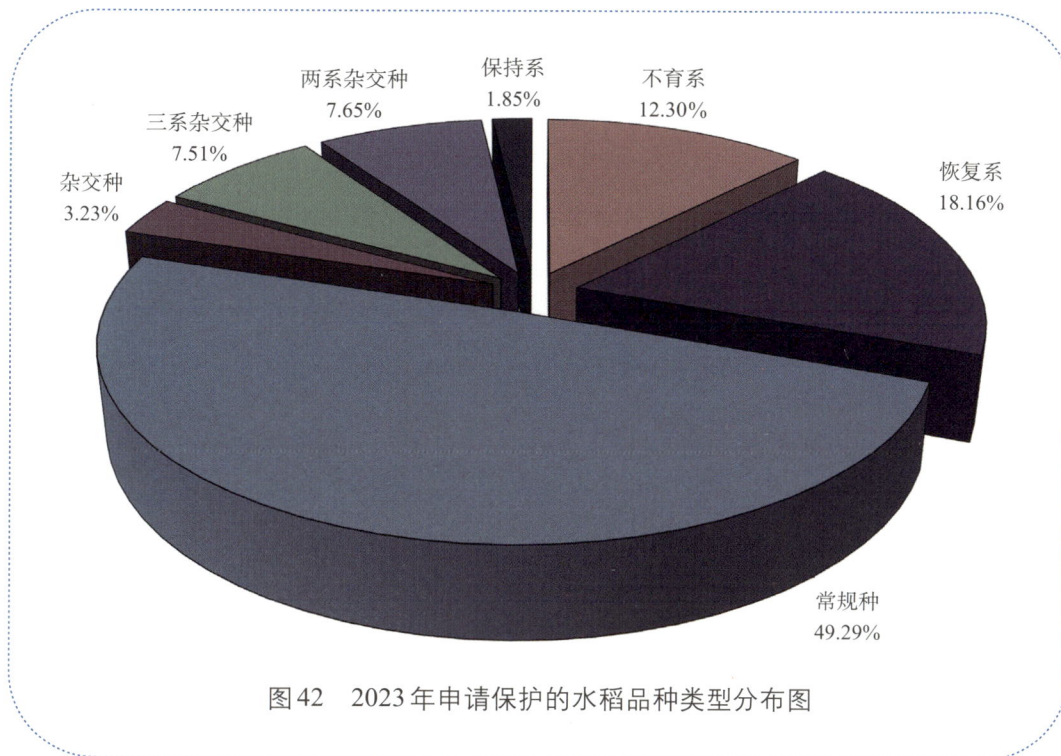

图 42　2023 年申请保护的水稻品种类型分布图

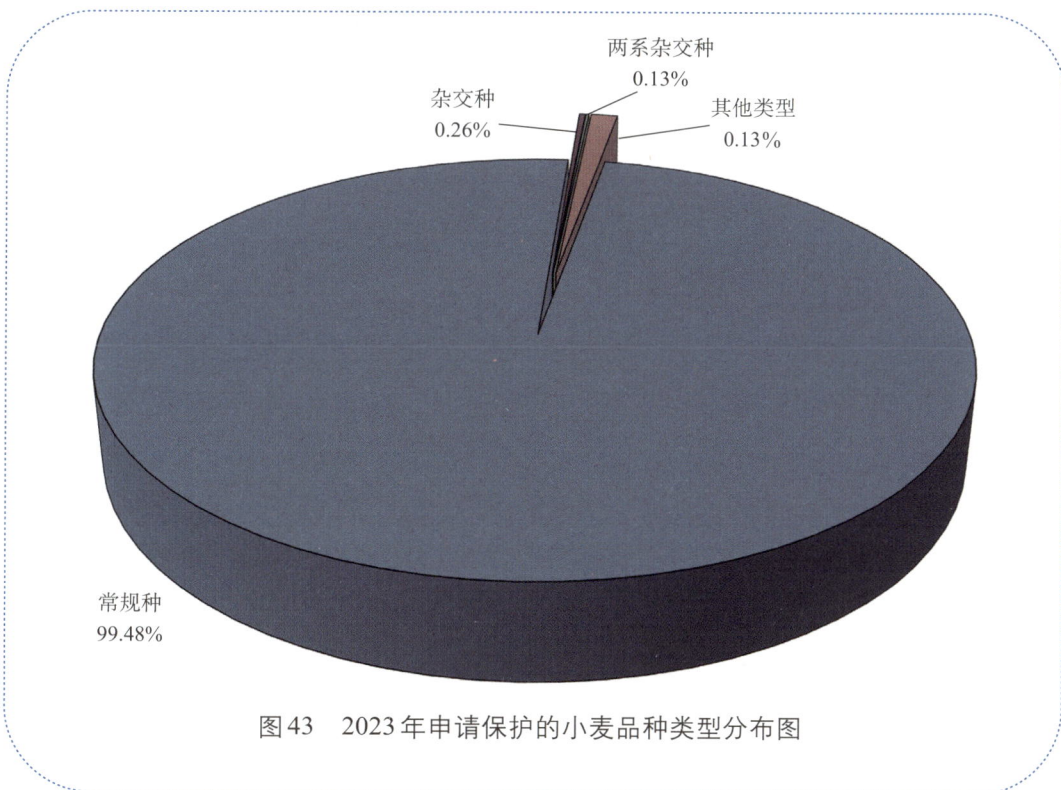

图 43　2023 年申请保护的小麦品种类型分布图

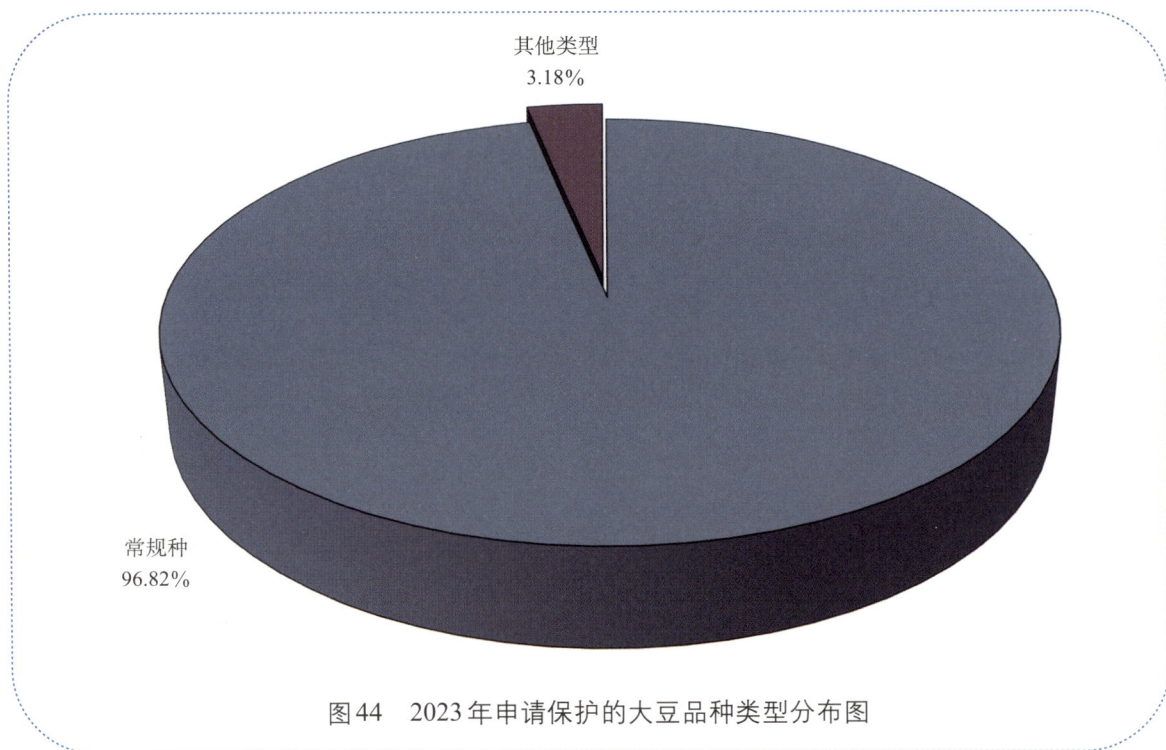

图44　2023年申请保护的大豆品种类型分布图

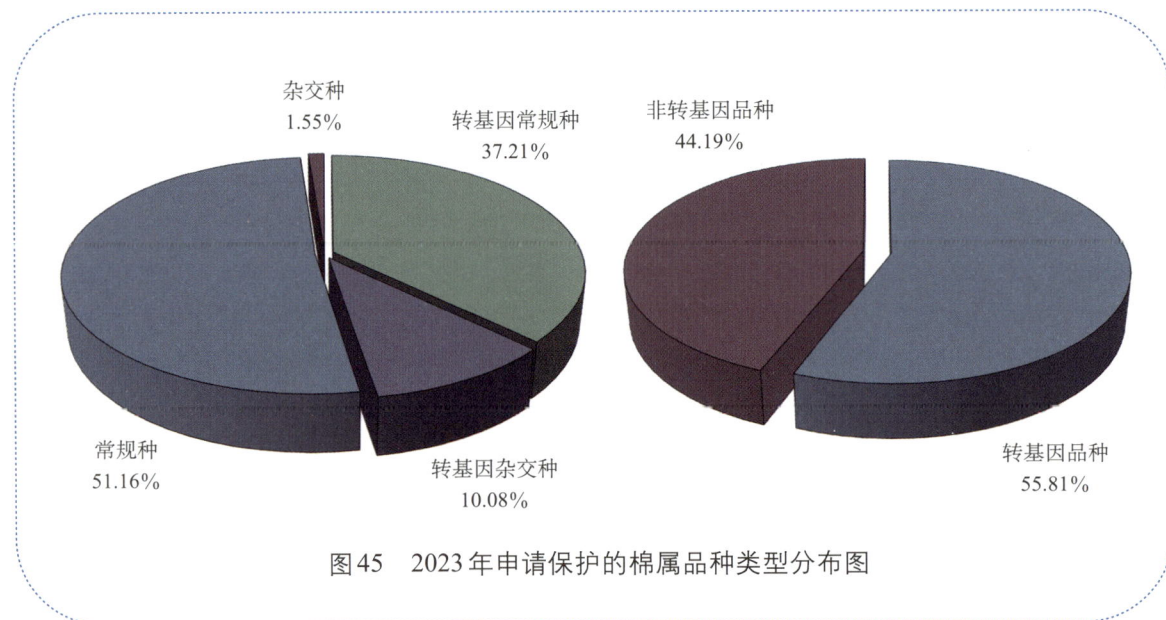

图45　2023年申请保护的棉属品种类型分布图

2023年，蔬菜申请量中居首位的是辣椒属品种499件，占比18.65%。同比2022年，食用萝卜品种跃进前10，豇豆跌出前10。观赏植物申请量中居首位的是蝴蝶兰属品种406件，占比38.70%。同比2022年，鸢尾属、睡莲属品种跃进前10，萱草属、非洲菊品种跌出前10。果树申请量中居首位的是柑橘属品种68件，占比11.35%。同比2022年，前10位的属种不变，但苹果属品种从第1位降至第7位，柑橘属品种从第7位升至第1位（表3）。

（二）申请主体

1999—2023年，申请总量居前50位的国内企业见表4，居前50位的国内教学科研单位见表5，居前30位的国外单位见表6（实际32家单位）。2023年，申请量居前20位的国内企业见表7（实际21家单位），居前20位的国内教学科研单位见表8，居前10位的国外单位见表9（实际11家单位）[①]。

表4 1999—2023年申请总量居前50位的国内企业

排序	申请主体	申请总量（件）
1	三北种业有限公司	689
2	中国种子集团有限公司	534
3	北京金色农华种业科技股份有限公司	533
4	袁隆平农业高科技股份有限公司	514
5	北大荒垦丰种业股份有限公司	410
6	山东登海种业股份有限公司	384
7	安徽荃银高科种业股份有限公司	362
8	合肥丰乐种业股份有限公司	346
9	河南金苑种业股份有限公司	345
10	石家庄蠡玉科技开发有限公司	330
11	漳州钜宝生物科技股份有限公司	289
12	福建金品农业科技股份有限公司	288
13	宁波微萌种业有限公司	269
14	安徽隆平高科种业有限公司	258
15	甘肃五谷种业股份有限公司	250
16	三亚华玉创新种业有限责任公司	244
17	中种国际种子有限公司	236
18	隆平农业发展股份有限公司	207
19	青岛金妈妈农业科技有限公司	205
20	北京丰度高科种业有限公司	200
21	河南金博士种业股份有限公司	195
22	山西大丰种业有限公司	188
23	天津天隆科技股份有限公司	185
24	山东寿光蔬菜种业集团有限公司	179
25	天津科润农业科技股份有限公司	168
26	新疆金丰源种业有限公司	164
27	中山缤纷园艺有限公司	161
27	河南省豫玉种业股份有限公司	161
29	山东银汇嘉禾农业生物技术有限公司	157

① 排名以第一申请主体统计；排名所用数据截至2023年12月31日。

排序	申请主体	申请总量（件）
29	湖南隆平种业有限公司	157
31	南通新禾生物技术有限公司	154
32	山西强盛种业有限公司	150
33	云南大天种业有限公司	141
34	华盛农业集团股份有限公司	136
35	中林集团张掖金象种业有限公司	135
36	内蒙古利禾农业科技发展有限公司	131
36	北京联创种业有限公司	131
38	山东圣丰种业科技有限公司	127
38	河南鼎优农业科技有限公司	127
40	海南九圣禾农业科学研究院有限公司	125
41	湖南民升种业科学研究院有限公司	122
42	北京中农斯达农业科技开发有限公司	120
43	湖南袁创超级稻技术有限公司	116
44	齐齐哈尔市富尔农艺有限公司	115
45	上海乾德种业有限公司	112
46	北京华耐农业发展有限公司	111
47	北京华农伟业种子科技股份有限公司	110
48	德农种业股份公司	106
49	天津德瑞特种业有限公司	105
50	甘肃省敦种作物种子研究有限公司	103

表5　1999—2023年申请总量居前50位的国内教学科研单位

排序	申请主体	申请总量（件）
1	北京市农林科学院	948
2	中国农业科学院作物科学研究所	711
3	江苏省农业科学院	671
4	广东省农业科学院水稻研究所	559
5	广西壮族自治区农业科学院	498
6	中国水稻研究所	491
7	上海市农业科学院	485
8	中国农业科学院郑州果树研究所	403

排序	申请主体	申请总量（件）
9	黑龙江省农业科学院水稻研究所	382
10	安徽省农业科学院水稻研究所	353
11	浙江省农业科学院	308
12	中国热带农业科学院热带作物品种资源研究所	292
12	吉林省农业科学院	292
14	黑龙江省农业科学院绥化分院	277
15	四川省农业科学院作物研究所	276
16	中国农业科学院蔬菜花卉研究所	269
17	河南省农业科学院	251
18	山东省农业科学院	241
19	河北省农林科学院粮油作物研究所	230
20	黑龙江省农业科学院佳木斯分院	217
20	广东省农业科学院环境园艺研究所	217
22	江苏里下河地区农业科学研究所	215
23	中国农业科学院棉花研究所	205
24	湖南杂交水稻研究中心	204
25	河南省新乡市农业科学院	201
26	宁波市农业科学研究院	199
27	河北省农林科学院旱作农业研究所	197
28	三明市农业科学研究院	189
29	福建省农业科学院水稻研究所	188
30	中国科学院遗传与发育生物学研究所	181
31	黑龙江省农业科学院耕作栽培研究所	175
32	山东省农业科学院玉米研究所	167
33	湖北省农业科学院粮食作物研究所	164
34	中国农业科学院果树研究所	163
34	黑龙江省农业科学院齐齐哈尔分院	163
36	重庆市农业科学院	161
37	通化市农业科学研究院	156
38	山东省农业科学院作物研究所	152
39	黑龙江省农业科学院玉米研究所	145
40	云南省农业科学院甘蔗研究所	144

排序	申请主体	申请总量（件）
41	石家庄市农林科学研究院	143
41	江苏徐淮地区徐州农业科学研究所	143
43	广东省农业科学院作物研究所	142
44	山东省水稻研究所	140
45	黑龙江省农业科学院作物资源研究所	139
46	江苏徐淮地区淮阴农业科学研究所	138
47	云南省农业科学院粮食作物研究所	137
48	云南省农业科学院花卉研究所	131
49	湖南省水稻研究所	129
50	铁岭市农业科学院	126

表6　1999—2023年申请总量居前30位的国外单位

排序	申请主体	申请总量（件）
1	先锋国际良种公司	537
2	荷兰安祖公司	429
3	孟山都科技有限责任公司	272
4	先正达农作物保护股份公司	269
5	利马格兰欧洲	233
6	荷兰德丽品种权公司	208
7	科沃施种子欧洲股份两合公司	119
8	先正达参股股份有限公司	113
9	瑞克斯旺种子种苗集团公司	86
10	大韩民国农村振兴厅	73
11	坂田种苗株式会社	61
12	荷兰多盟集团公司	51
12	克莱姆+索恩有限两合公司	51
14	法国RAGT 2n SAS公司	46
15	荷兰德克育种公司	42
16	德瑞斯克公司	38
16	繁盛新鲜国际有限公司	38
18	国立研究开发法人农业·食品产业技术综合研究机构	36
19	圣尼斯蔬菜种子有限公司	32

排序	申请主体	申请总量（件）
20	荷兰科贝克公司	26
21	荷兰瑞恩育种公司	25
22	荷兰希维达科易记花卉公司	23
23	加利福尼亚大学董事会	21
24	荷兰纽内姆种子公司	20
24	秘鲁农花股份有限公司	20
26	荷兰佛劳瑞泰克育种公司	18
26	斯泰种业公司	18
26	忠清南道厅	18
29	荷兰HZPC公司	16
29	荷兰科比品种权公司	16
29	荷兰希维达福劳瑞斯特花卉公司	16
29	美国太阳世界国际有限公司	16

表7　2023年申请量居前20位的国内企业

排序	申请主体	申请量（件）
1	袁隆平农业高科技股份有限公司	116
2	山东银汇嘉禾农业生物技术有限公司	97
3	甘肃五谷种业股份有限公司	91
3	北京丰度高科种业有限公司	91
5	山西大丰种业有限公司	89
5	隆平农业发展股份有限公司	89
7	三北种业有限公司	83
8	华盛农业集团股份有限公司	79
9	中国种子集团有限公司	77
10	安徽荃银高科种业股份有限公司	73
11	中山缤纷园艺有限公司	71
12	漳州钜宝生物科技股份有限公司	66
13	宁波微萌种业有限公司	65
14	北京迈泽裕丰生物科技有限责任公司	58
15	合肥丰乐种业股份有限公司	57
16	中种国际种子有限公司	56

排序	申请主体	申请量（件）
17	河南鼎优农业科技有限公司	54
17	北京大北农生物技术有限公司	54
19	福纳瑞园艺（浙江）有限公司	48
20	湖南民升种业科学研究院有限公司	45
20	河南金苑种业股份有限公司	45

表8   2023年申请量居前20位的国内教学科研单位

排序	申请主体	申请量（件）
1	北京市农林科学院	194
2	广西壮族自治区农业科学院	151
3	中国农业科学院作物科学研究所	138
4	广东省农业科学院水稻研究所	117
5	中国水稻研究所	106
6	江苏省农业科学院	104
7	上海市农业科学院	97
8	黑龙江省农业科学院水稻研究所	89
9	山东省农业科学院	86
10	中国热带农业科学院热带作物品种资源研究所	76
11	中国农业科学院蔬菜花卉研究所	64
12	黑龙江省农业科学院绥化分院	62
13	浙江省农业科学院	57
13	江苏里下河地区农业科学研究所	57
15	湖南杂交水稻研究中心	55
16	福建省农业科学院水稻研究所	51
17	黑龙江省农业科学院作物资源研究所	49
18	安徽省农业科学院水稻研究所	46
19	新乡市农业科学院	44
20	黑龙江省农业科学院玉米研究所	43

表9   2023年申请量居前10位的国外单位

排序	申请主体	申请量（件）
1	荷兰安祖公司	74
2	先正达农作物保护股份公司	56

排序	申请主体	申请量（件）
3	先锋国际良种公司	44
4	荷兰德丽品种权公司	42
5	利马格兰欧洲	34
6	秘鲁农花股份有限公司	20
7	繁盛新鲜国际有限公司	17
8	瑞克斯旺种子种苗集团公司	13
9	孟山都科技有限责任公司	11
10	坂田种苗株式会社	9
10	艺林生物科技股份有限公司	9

（三）品种权主体

1999—2023年，获得授权总量居前50位的国内企业见表10（实际51家企业），居前50位的国内教学科研单位见表11，居前20位的国外单位见表12。2023年，获得授权量居前20位的国内企业见表13，居前20位的国内教学科研单位见表14，居前10位的国外单位见表15[①]。

表10 1999—2023年授权总量居前50位的国内企业

排序	品种权主体	授权总量（件）
1	北京金色农华种业科技股份有限公司	311
2	三北种业有限公司	305
3	袁隆平农业高科技股份有限公司	245
4	山东登海种业股份有限公司	225
5	中国种子集团有限公司	216
6	北大荒垦丰种业股份有限公司	205
7	安徽荃银高科种业股份有限公司	138
8	河南金博士种业股份有限公司	135
9	漳州钜宝生物科技股份有限公司	129
10	中种国际种子有限公司	124
11	湖南隆平种业有限公司	123
12	安徽隆平高科种业有限公司	122
13	河南金苑种业股份有限公司	121
14	合肥丰乐种业股份有限公司	104
15	石家庄蠡玉科技开发有限公司	95

① 排名以第一品种权主体统计；排名所用数据截至2023年12月31日。

排序	品种权主体	授权总量（件）
15	河南省豫玉种业股份有限公司	95
17	北京联创种业有限公司	85
18	德农种业股份公司	80
19	吉林吉农高新技术发展股份有限公司	76
20	北京奥瑞金种业股份有限公司	73
21	辽宁东亚种业有限公司	70
22	山西强盛种业有限公司	69
23	天津科润农业科技股份有限公司	68
23	北京华农伟业种子科技股份有限公司	68
25	山西大丰种业有限公司	67
26	山东省寿光市三木种苗有限公司	64
27	云南大天种业有限公司	60
27	福建金品农业科技股份有限公司	60
29	湖北荃银高科种业有限公司	58
30	中山缤纷园艺有限公司	56
30	宁波微萌种业有限公司	56
32	甘肃五谷种业股份有限公司	53
33	广东粤良种业有限公司	51
34	海南九圣禾农业科学研究院有限公司	50
35	中林集团张掖金象种业有限公司	45
35	湖南袁创超级稻技术有限公司	45
35	河南隆平联创农业科技有限公司	45
35	创世纪种业有限公司	45
35	北京中农斯达农业科技开发有限公司	45
40	上海乾德种业有限公司	44
40	齐齐哈尔市富尔农艺有限公司	44
40	北京新锐恒丰种子科技有限公司	44
40	北京华耐农业发展有限公司	44
44	山东圣丰种业科技有限公司	43
44	昆明虹之华园艺有限公司	43
46	辽宁宏硕种业科技有限公司	41
46	江苏省大华种业集团有限公司	41

排序	品种权主体	授权总量（件）
46	承德裕丰种业有限公司	41
49	莱州市金海作物研究所有限公司	40
50	中地种业（集团）有限公司	39
50	青岛金妈妈农业科技有限公司	39

表 11　1999—2023 年授权总量居前 50 位的国内教学科研单位

排序	品种权主体	授权总量（件）
1	江苏省农业科学院	422
2	北京市农林科学院	352
3	中国农业科学院作物科学研究所	342
4	中国水稻研究所	223
5	上海市农业科学院	220
6	广东省农业科学院水稻研究所	209
7	河南省农业科学院	202
8	吉林省农业科学院	195
9	中国农业科学院郑州果树研究所	179
9	浙江省农业科学院	179
11	安徽省农业科学院水稻研究所	162
12	四川省农业科学院作物研究所	157
13	黑龙江省农业科学院绥化分院	130
14	中国农业科学院棉花研究所	129
15	中国农业科学院蔬菜花卉研究所	128
16	河北省农林科学院粮油作物研究所	125
17	黑龙江省农业科学院佳木斯分院	119
18	河南省新乡市农业科学院	117
19	山东省农业科学院玉米研究所	115
20	广西壮族自治区农业科学院	104
21	江苏徐淮地区徐州农业科学研究所	100
22	江苏里下河地区农业科学研究所	98
23	湖南杂交水稻研究中心	96
24	黑龙江省农业科学院水稻研究所	93
25	中国科学院遗传与发育生物学研究所	89

排序	品种权主体	授权总量（件）
26	山东省农业科学院作物研究所	88
27	通化市农业科学研究院	87
28	中国热带农业科学院热带作物品种资源研究所	86
29	广西壮族自治区农业科学院水稻研究所	84
30	河北省农林科学院旱作农业研究所	79
31	福建省农业科学院水稻研究所	78
32	重庆市农业科学院	75
32	绵阳市农业科学研究院	75
34	江苏徐淮地区淮阴农业科学研究所	74
34	湖北省农业科学院粮食作物研究所	74
36	江苏丘陵地区镇江农业科学研究所	73
37	安徽省农业科学院作物研究所	72
38	云南省农业科学院花卉研究所	70
39	宁波市农业科学研究院	68
39	黑龙江省农业科学院佳木斯水稻研究所	68
41	云南省农业科学院粮食作物研究所	67
41	上海市农业生物基因中心	67
43	广东省农业科学院作物研究所	66
44	铁岭市农业科学院	65
45	黑龙江省农业科学院玉米研究所	63
46	周口市农业科学院	62
47	开封市农林科学研究院	61
47	黑龙江省农业科学院齐齐哈尔分院	61
47	黑龙江省农业科学院大豆研究所	61
47	丹东农业科学院	61

表12　1999—2023年授权总量居前20位的国外单位

排序	品种权主体	授权总量（件）
1	先锋国际良种公司	371
2	荷兰安祖公司	195
3	孟山都科技有限责任公司	141
4	荷兰德丽品种权公司	130

排序	品种权主体	授权总量（件）
5	利马格兰欧洲	111
6	先正达参股股份有限公司	98
7	科沃施种子欧洲股份两合公司	50
8	大韩民国农村振兴厅	46
9	瑞克斯旺种子种苗集团公司	37
10	法国RAGT 2n SAS公司	33
11	荷兰多盟集团公司	32
12	先正达农作物保护股份公司	31
13	荷兰德克育种公司	28
14	圣尼斯蔬菜种子有限公司	27
15	德瑞斯克公司	20
16	克莱姆+索恩有限两合公司	19
16	坂田种苗株式会社	19
18	荷兰科贝克公司	18
19	荷兰希维达科易记花卉公司	17
20	优利斯种业	16

表13 2023年授权量居前20位的国内企业

排序	品种权主体	授权量（件）
1	三北种业有限公司	183
2	袁隆平农业高科技股份有限公司	61
3	河南金博士种业股份有限公司	59
4	石家庄蠡玉科技开发有限公司	47
5	河南省豫玉种业股份有限公司	45
6	中国种子集团有限公司	39
7	北大荒垦丰种业股份有限公司	35
8	安徽隆平高科种业有限公司	34
9	河南金苑种业股份有限公司	30
9	齐齐哈尔市富尔农艺有限公司	30
11	合肥丰乐种业股份有限公司	29
11	黑龙江省普田种业有限公司	29
13	中地种业（集团）有限公司	27

排序	品种权主体	授权量（件）
14	安徽荃银高科种业股份有限公司	26
15	德农种业股份公司	24
15	厦门华泰五谷种苗有限公司	24
15	上海乾德种业有限公司	24
18	中种国际种子有限公司	23
19	山东省种子有限公司	22
19	中林集团张掖金象种业有限公司	22

表14　2023年授权量居前20位的国内教学科研单位

排序	品种权主体	授权量（件）
1	北京市农林科学院	89
2	中国农业科学院作物科学研究所	71
3	江苏省农业科学院	70
4	中国农业科学院郑州果树研究所	66
5	上海市农业科学院	62
6	中国农业科学院棉花研究所	58
6	中国水稻研究所	58
8	广东省农业科学院水稻研究所	56
9	广西壮族自治区农业科学院	55
10	黑龙江省农业科学院佳木斯分院	44
10	浙江省农业科学院	44
12	中国农业科学院蔬菜花卉研究所	41
13	河北省农林科学院粮油作物研究所	40
13	吉林省农业科学院	40
15	中国热带农业科学院热带作物品种资源研究所	38
16	黑龙江省农业科学院水稻研究所	35
17	河南省农业科学院	34
18	四川省农业科学院作物研究所	33
19	黑龙江省农业科学院绥化分院	32
19	江苏徐淮地区徐州农业科学研究所	32

表15　2023年授权量居前10位的国外单位

排序	品种权主体	授权量（件）
1	先锋国际良种公司	89
2	先正达参股股份有限公司	37
3	利马格兰欧洲	36
4	先正达农作物保护股份公司	27
5	荷兰安祖公司	26
6	克莱姆+索恩有限两合公司	19
7	荷兰德克育种公司	16
8	法国RAGT 2n SAS公司	15
9	德瑞斯克公司	12
9	孟山都科技有限责任公司	12

第三章　授权品种转化运用和保护概况

一、授权品种推广面积排行榜

2023年，根据全国农业技术推广服务中心统计，5种主要农作物推广面积在10万亩*以上的品种有2 443个，其中在1 000万亩以上的品种有7个。

玉米推广面积在10万亩以上的品种，推广总面积为47 467万亩，其中，MY73的推广面积最大（表16），占全国玉米种植面积的4.29%，裕丰303、中科玉505和京科968的推广面积均超过1 000万亩。

表16　2023年主要大田作物推广面积居前10位的品种授权情况

作物种类	玉米	杂交水稻	常规水稻	小麦	大豆	常规棉
品种	MY73	晶两优华占	龙粳31	济麦22	黑河43	塔河2号*
	裕丰303	晶两优534	黄华占	郑麦1860	齐黄34	（新陆中67号）
	中科玉505	野香优莉丝*	南粳9108	济麦44	蒙豆1137	（中棉113）
	京科968	隆两优534	绥粳27	中麦578	东生22	新陆早84号*
	登海605	荃优822	中嘉早17	郑麦379	黑农84	新陆中54号
	郑单958	宜香优2115	绥粳18	西农511	合农95	新陆中87号
	瑞普909	隆两优8612	中早39	百农4199	黑农531	新陆早80号*
	联创839	玮两优8612	中科发5号	烟农999	中黄13	J8031
	东单1331	隆两优华占	湘早籼45号*	周麦36号	黑科60	新陆中78号
	（现代959）	泰优390	龙粳1624	山农28号	合农85	新陆中40号*
授权品种占推广面积居前10位的品种比例（%）	90.00	90.00	90.00	100.00	100.00	30.00

注：数据来源于全国农业技术推广服务中心。括号内为未授权品种，其中新陆中67号因不符合授权条件被驳回，其他均处于实质审查状态中，暂未授权；*表示未申请保护的品种。

*　亩为非法定计量单位，1亩≈667m²。——编者注

杂交水稻和常规水稻推广面积在10万亩以上的品种，推广总面积分别为15 794万亩和13 205万亩。

小麦推广面积在10万亩以上的品种，推广总面积为30 701万亩，居前10位的小麦品种均已获得品种权保护，年度推广总面积为8 659万亩，占10万亩以上小麦品种推广总面积的28.20%，其中济麦22和郑麦1860的推广面积均超过1 000万亩。

大豆和棉花推广面积在10万亩以上的品种，推广总面积分别为11 248万亩和3 590万亩。

登记的粮食作物中，马铃薯推广面积最大的是授权品种青薯9号，超200万亩。

登记的油料作物中，冬油菜推广面积最大的是授权品种沣油737，超100万亩；花生推广面积最大的是授权品种豫花37号，超100万亩；亚麻（胡麻）推广面积最大的是授权品种陇亚10号，超10万亩；向日葵推广面积最大的是授权品种SH361，超50万亩。

登记的蔬菜作物中，大白菜推广面积最大的是授权品种新三号，超50万亩；辣椒推广面积最大的是授权品种红龙23号，超10万亩。

二、主要品种转化运用情况

品种申请权及品种权的合理转让流动可以实现品种资源的优化配置。截至2023年年底，按照官方备案数据统计，我国共有2 330件申请保护的品种进行转让。其中，玉米品种最多，达1 012件，占比43.43%；其次为水稻品种，492件，占比21.12%。2023年我国品种申请权和品种权转让数量为334件，创历年新高，比2022年增加了82件（图46）。

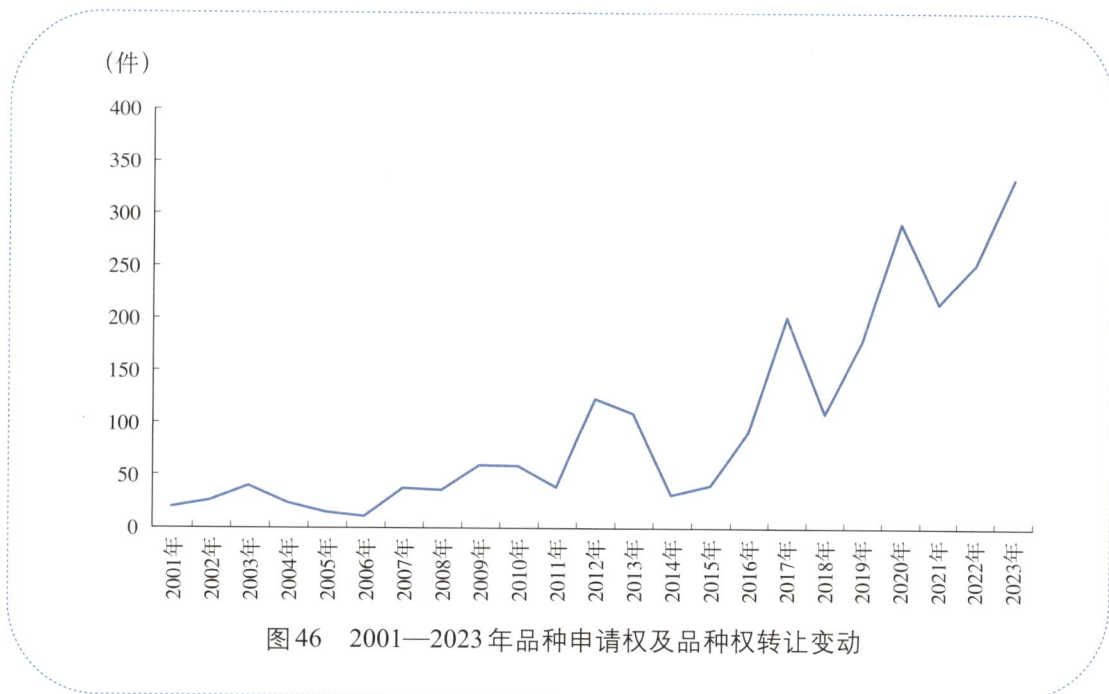

图46 2001—2023年品种申请权及品种权转让变动

第四章　植物新品种保护国际动态

　　UPOV是1961年在《国际植物新品种保护公约》基础上建立的一个独立的政府间国际组织，总部设在瑞士日内瓦，旨在提供和推动形成一个有效的植物品种保护体系，从而鼓励植物新品种的开发，造福社会。该组织通过协调各国在植物新品种保护制度上的差异，在世界范围内建立较为统一的制度体系，促进了植物新品种保护的国际化。

一、UPOV主要成员植物新品种保护动态

（一）UPOV成员动态

　　截至2023年年底，UPOV共有78个成员，包括76个国家和2个国际组织——欧盟（EU）、非洲知识产权组织（OAPI），涵盖120个国家。78个成员中执行UPOV公约1978年文本的有17个，执行1991年文本的有61个（表17）。中国于1999年加入UPOV，目前执行的是UPOV公约1978年文本[①]。

表17　UPOV各成员执行的公约文本概况

序号	国家/组织	执行文本	序号	国家/组织	执行文本	序号	国家/组织	执行文本
1	非洲知识产权组织	1991年文本	10	波黑	1991年文本	19	捷克	1991年文本
2	阿尔巴尼亚	1991年文本	11	巴西	1978年文本	20	丹麦	1991年文本
3	阿根廷	1978年文本	12	保加利亚	1991年文本	21	多米尼加	1991年文本
4	澳大利亚	1991年文本	13	加拿大	1991年文本	22	厄瓜多尔	1978年文本
5	奥地利	1991年文本	14	智利	1978年文本	23	埃及	1991年文本
6	阿塞拜疆	1991年文本	15	中国	1978年文本	24	爱沙尼亚	1991年文本
7	白俄罗斯	1991年文本	16	哥伦比亚	1978年文本	25	欧盟	1991年文本
8	比利时	1991年文本	17	哥斯达黎加	1991年文本	26	芬兰	1991年文本
9	玻利维亚	1978年文本	18	克罗地亚	1991年文本	27	法国	1991年文本

　　① 本章数据由UPOV官网数据整理而成。

序号	国家/组织	执行文本	序号	国家/组织	执行文本	序号	国家/组织	执行文本
28	格鲁吉亚	1991年文本	45	新西兰	1978年文本	62	斯洛文尼亚	1991年文本
29	德国	1991年文本	46	尼加拉瓜	1978年文本	63	南非	1978年文本
30	匈牙利	1991年文本	47	北马其顿	1991年文本	64	西班牙	1991年文本
31	冰岛	1991年文本	48	挪威	1978年文本	65	瑞典	1991年文本
32	爱尔兰	1991年文本	49	阿曼	1991年文本	66	瑞士	1991年文本
33	以色列	1991年文本	50	巴拿马	1991年文本	67	特立尼达和多巴哥	1978年文本
34	意大利	1978年文本	51	巴拉圭	1978年文本	68	突尼斯	1991年文本
35	日本	1991年文本	52	秘鲁	1991年文本	69	土耳其	1991年文本
36	约旦	1991年文本	53	波兰	1991年文本	70	乌克兰	1991年文本
37	肯尼亚	1991年文本	54	葡萄牙	1978年文本	71	英国	1991年文本
38	吉尔吉斯斯坦	1991年文本	55	韩国	1991年文本	72	坦桑尼亚	1991年文本
39	拉脱维亚	1991年文本	56	摩尔多瓦	1991年文本	73	美国	1991年文本
40	立陶宛	1991年文本	57	罗马尼亚	1991年文本	74	乌拉圭	1978年文本
41	墨西哥	1978年文本	58	俄罗斯	1991年文本	75	乌兹别克斯坦	1991年文本
42	黑山	1991年文本	59	塞尔维亚	1991年文本	76	越南	1991年文本
43	摩洛哥	1991年文本	60	新加坡	1991年文本	77	圣文森特和格林纳丁斯	1991年文本
44	荷兰	1991年文本	61	斯洛伐克	1991年文本	78	加纳	1991年文本

（二）植物新品种保护范围

植物新品种保护范围，指纳入各成员植物新品种保护名录的植物属种。名录开放程度体现保护范围的大小，也体现育种公平性（表18）。

表18　UPOV成员植物新品种保护范围

成员	保护范围	成员	保护范围	成员	保护范围
爱尔兰	全部	肯尼亚	全部	越南	全部
爱沙尼亚	全部	拉脱维亚	全部	摩洛哥	全部
奥地利	全部	立陶宛	全部	埃及	52
澳大利亚	全部	罗马尼亚	全部	阿曼	44
巴拿马	全部	美国	全部	阿尔巴尼亚	21
白俄罗斯	全部	秘鲁	全部	阿塞拜疆	31

成员	保护范围	成员	保护范围	成员	保护范围
比利时	全部	摩尔多瓦	全部	北马其顿	23
保加利亚	全部	欧盟	全部	阿根廷*	全部
冰岛	全部	日本	全部	巴拉圭*	全部
波兰	全部	约旦	全部	玻利维亚*	全部
丹麦	全部	瑞典	全部	厄瓜多尔*	全部
德国	全部	瑞士	全部	哥伦比亚*	全部
多米尼加	全部	塞尔维亚	全部	墨西哥*	全部
俄罗斯	全部	斯洛伐克	全部	尼加拉瓜*	全部
法国	全部	斯洛文尼亚	全部	挪威*	全部
非洲知识产权组织	全部	坦桑尼亚	全部	葡萄牙*	全部
芬兰	全部	突尼斯	全部	乌拉圭*	全部
哥斯达黎加	全部	土耳其	全部	新西兰*	全部
格鲁吉亚	全部	乌克兰	全部	意大利*	全部
韩国	全部	西班牙	全部	智利*	全部
荷兰	全部	新加坡	全部	中国*	457
黑山	全部	匈牙利	全部	南非*	442
吉尔吉斯斯坦	全部	以色列	全部	巴西*	233
加拿大	全部	英国	全部	特立尼达和多巴哥*	32
捷克	全部	波黑	全部	圣文森特和格林纳丁斯	全部
克罗地亚	全部	乌兹别克斯坦	全部	加纳	—

注：*代表此成员是执行UPOV公约1978年文本的成员，未带*代表该成员是执行UPOV公约1991年文本的成员；"全部"代表保护全部植物属种，属种数量按照UPOV代码计算。

（三）国际植物新品种保护申请情况

据UPOV官方数据统计，1984—2023年UPOV品种权累计申请量突破50万件，中国由2022年的第2位跃居2023年的首位，前5位的联盟成员为：中国（8.74万件）、欧盟（8.13万件）、美国（4.82万件）、日本（3.61万件）、荷兰（3.49万件）。前10位的排名顺序同2022年相比稍有变化（图47）。

2023年，全球共受理品种权申请28 998件。其中，年度申请量超过500件的联盟成员有：中国（16 184件）、欧盟（2 866件）、美国（1 149件[①]）、荷兰（856件）、俄罗斯（852件）、英国（819件）、乌克兰（768件）、韩国（625件）、日本（591件）。

---

① 美国数据包括植物新品种保护和植物专利申请。

（件）

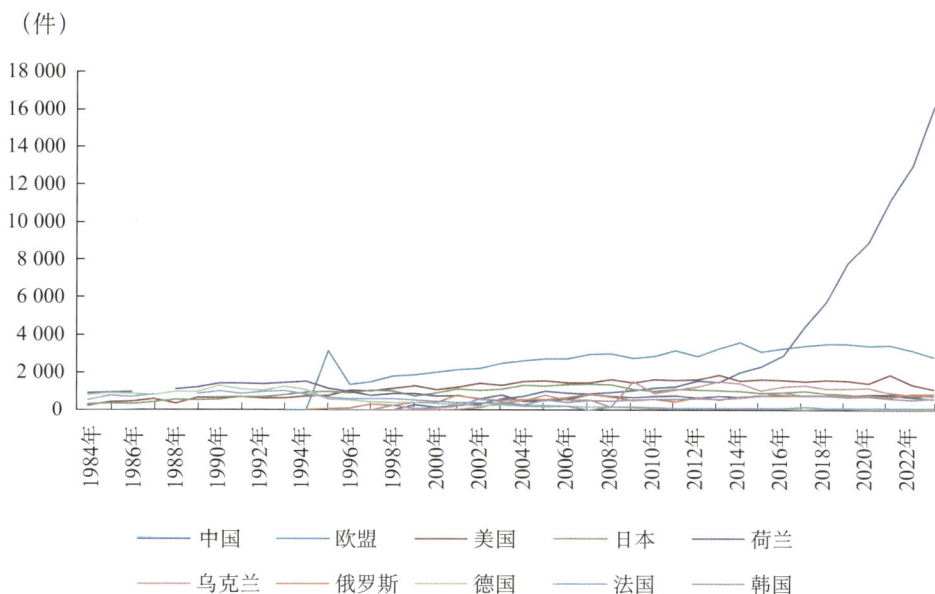

图47　1984—2023年UPOV主要成员品种权申请量趋势图

（四）国际植物新品种保护授权情况

据UPOV官方数据统计，1984—2023年全球品种权累计授权量37.39万件，有效品种权共计19.54万件。累计授权量排名前5位的联盟成员分别是：欧盟（6.51万件）、美国（4.32万件[1]）、中国（3.64万件）、日本（3.02万件）、英国（2.90万件）。与2022年相比，中国超越了日本，排至第3位，英国进入前5位（图48）。

（件）

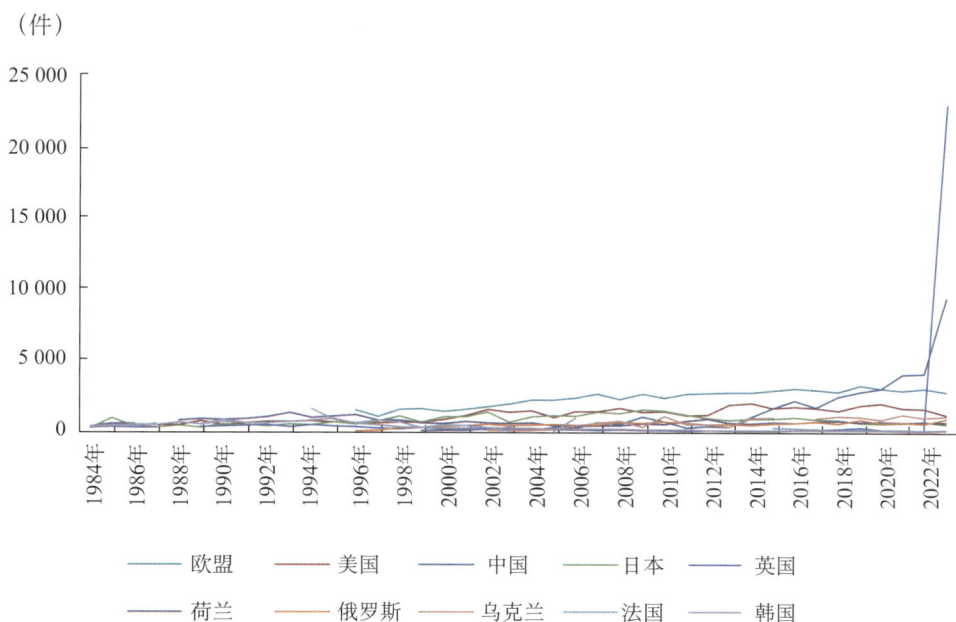

图48　1984—2023年UPOV主要成员品种权授权量趋势图

---

[1]　美国数据包括植物新品种保护和植物专利申请。

2023年，全球共授予品种权42 893件。其中，年度授权量超过500件的联盟成员有：英国（22 838件）、中国（9 300件）、欧盟（2 718件）、美国（1 149件[①]）、乌克兰（1 045件）、俄罗斯（854件）、韩国（645件）、荷兰（615件）。

1984—2023年，全球有效品种权总量为195 356件，国际占有率排名前5位的成员分别为：中国、欧盟、美国、英国和乌克兰（表19）。

表19　1984—2023年UPOV主要成员有效品种权国际占有率

排序	UPOV成员	执行文本	有效品种权总量（件）	占比（%）
1	中国	1978年文本	32 518	16.65
2	欧盟	1991年文本	30 932	15.83
3	美国	1991年文本	28 384	14.53
4	英国	1991年文本	23 694	12.13
5	乌克兰	1991年文本	12 925	6.62
6	荷兰	1991年文本	9 988	5.11
7	日本	1991年文本	7 369	3.77
8	俄罗斯	1991年文本	6 971	3.57
9	韩国	1991年文本	6 532	3.34
10	南非	1978年文本	3 809	1.95

2023年，全球新增有效品种权34 154件[②]，国际占有率排名前5位的成员分别为：英国、中国、乌克兰、俄罗斯和欧盟（表20）。

表20　2023年UPOV主要成员新增有效品种权国际占有率

排序	UPOV成员	执行文本	有效品种权量（件）	占比（%）
1	英国	1991年文本	22 548	66.02
2	中国	1978年文本	8 933	26.16
3	乌克兰	1991年文本	1 045	3.06
4	俄罗斯	1991年文本	379	1.11
5	欧盟	1991年文本	370	1.08
6	韩国	1991年文本	294	0.86
7	荷兰	1991年文本	246	0.72
8	墨西哥	1978年文本	177	0.52
9	南非	1978年文本	172	0.50
10	土耳其	1991年文本	123	0.36

[①] 美国数据包括植物新品种保护和植物专利授权。
[②] 同2022年相比，部分国家增加，部分国家减少，所以前10位主要成员的有效量合计大于34 154件。

二、UPOV 主要成员新品种保护国际化水平

从总体来看，2023年国民申请量与非国民申请量均呈稳步上升趋势；国民授权量与非国民授权量增长明显（图49、图50）。

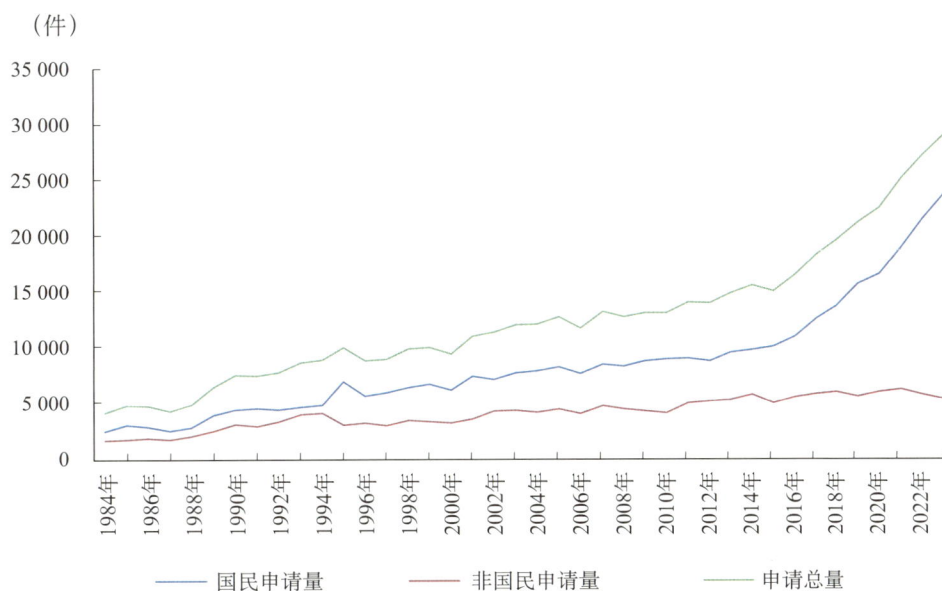

图49　1984—2023年UPOV成员国民与非国民申请量变动

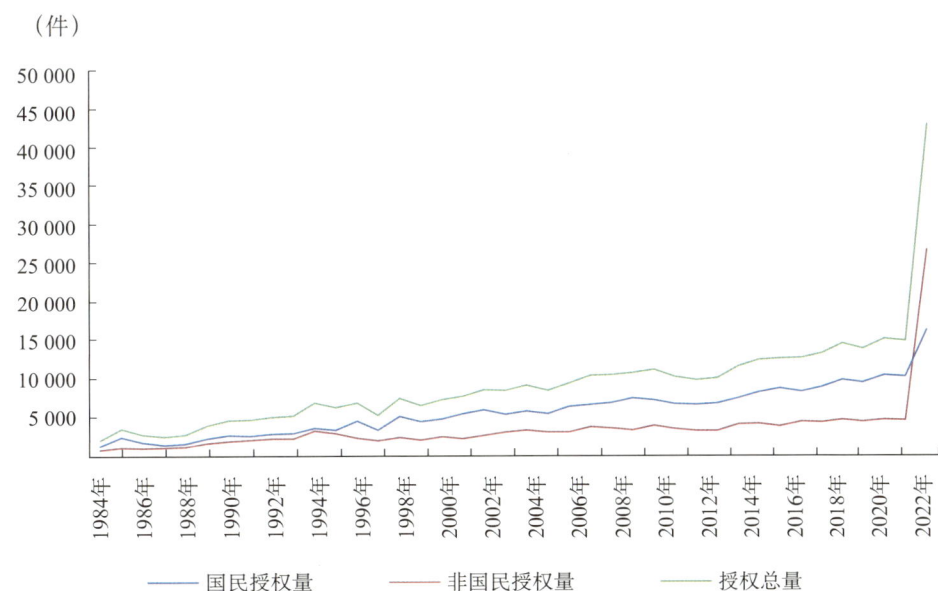

图50　1984—2023年UPOV成员国民与非国民授权量变动

2023年申请量居前10位的UPOV成员品种权申请及授权情况见表21。

表21 2023年申请量居前10位的UPOV成员品种权申请及授权情况

序号	成员	申请量					授权量				
		国民		非国民		合计（件）	国民		非国民		合计（件）
		件数	占比（%）	件数	占比（%）		件数	占比（%）	件数	占比（%）	
1	中国	15 528	95.95	656	4.05	16 184	8 724	93.81	576	6.19	9 300
2	欧盟	2 219	77.42	647	22.58	2 866	2 111	77.67	607	22.33	2 718
3	美国	542	47.17	607	52.83	1 149	679	59.09	470	40.91	1 149
4	荷兰	700	81.78	156	18.22	856	517	84.07	98	15.93	615
5	俄罗斯	658	77.23	194	22.77	852	642	75.18	212	24.82	854
6	英国	759	92.67	60	7.33	819	796	3.49	22 042	96.51	22 838
7	乌克兰	321	41.80	447	58.20	768	493	47.18	552	52.82	1 045
8	韩国	462	73.92	163	26.08	625	545	84.50	100	15.50	645
9	日本	404	68.36	187	31.64	591	313	62.98	184	37.02	497
10	阿根廷	338	79.53	87	20.47	425	111	78.72	30	21.28	141

与2022年相比，2023年各成员向国外申请品种权量有所下降（图51）。

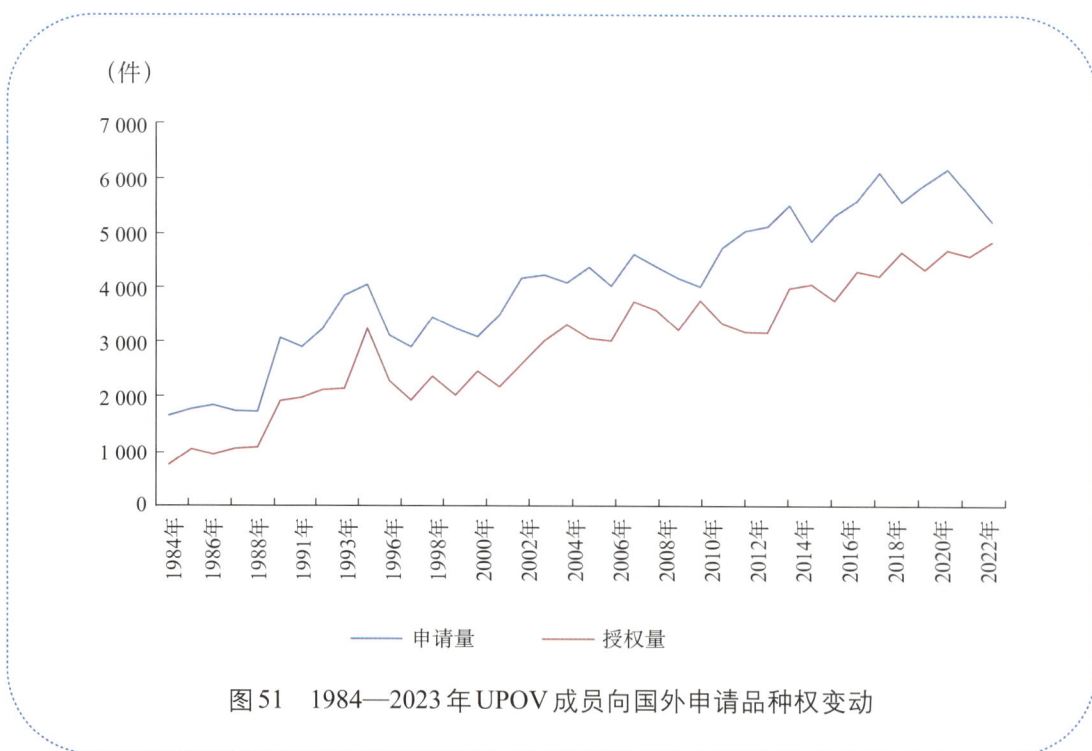

图51 1984—2023年UPOV成员向国外申请品种权变动

2023年，UPOV成员共向国外申请品种权5 204件，获得授权4 840件。其中，荷兰以1 222件申请、美国以1 124件授权位居各成员之首（表22）。

表22　2023年向国外申请授权量居前10位的UPOV成员概况

序号	成员	向国外申请		在国外获得授权	
		件数	占比（%）	件数	占比（%）
1	荷兰	1 222	23.48	1 108	22.89
2	美国	1 221	23.46	1 124	23.22
3	瑞士	539	10.36	447	9.24
4	法国	483	9.28	459	9.48
5	德国	425	8.17	360	7.44
6	日本	189	3.63	218	4.50
7	英国	180	3.46	191	3.95
8	澳大利亚	148	2.84	172	3.55
9	西班牙	148	2.84	128	2.64
10	以色列	85	1.63	97	2.00

三、UPOV主要成员审查测试国际合作

截至2023年年底，UPOV成员中共有48个国家和组织采取不同方式，在不同的植物属种范围内与其他成员签署了植物新品种审查测试国际合作协议。参与审查测试合作的成员中，执行UPOV公约1978年文本的有10位，执行UPOV公约1991年文本的有38位（表23）。

表23　委托测试的UPOV成员和测试属种情况

成员	提供测试		委托测试		成员	提供测试		委托测试	
	测试属种	对象成员	测试属种	对象成员		测试属种	对象成员	测试属种	对象成员
荷兰	1 270	<>/19	13	3	玻利维亚*	4	<>	/	/
英国	37	<>/6	8	3	以色列	2	1	/	/
德国	630	<>/16	38	3	墨西哥*	5	1	/	/
法国	504	<>/15	28	3	挪威*	/	/	11	2
波兰	352	24	13	1	克罗地亚	4	4	13	5
匈牙利	171	<>/9	46	3	爱尔兰	2	1	2	2
西班牙	185	<>/6	4	4	巴拿马			1	1
肯尼亚	64	<>/1	3	2	澳大利亚			2	1
捷克	57	10	83	6	哥伦比亚*	1	2	/	/

成员	提供测试		委托测试		成员	提供测试		委托测试	
	测试属种	对象成员	测试属种	对象成员		测试属种	对象成员	测试属种	对象成员
斯洛伐克	41	10	9	3	韩国	7	3	/	/
摩洛哥	25	<>	/	/	摩尔多瓦	/	/	9	2
拉脱维亚	1	1	3	1	俄罗斯	/	/	1	1
葡萄牙*	6	1	/	/	美国	1	1	/	/
丹麦	19	<>/7	25	4	乌拉圭*	1	<>	/	/
瑞典	/	/	3	1	塞尔维亚	/	/	1	1
吉尔吉斯坦	15	<>	/	/	欧盟	/	/	2 466	19
芬兰	13	<>/2	2	2	立陶宛	/	/	99	1
意大利*	47	2	/	/	斯洛文尼亚	/	/	5	3
奥地利	15	2	68	7	巴西*	/	/	7	3
罗马尼亚	/	/	7	1	瑞士	/	/	3	2
保加利亚	15	2	/	/	新加坡	/	/	3	1
比利时	13	6	131	6	坦桑尼亚	/	/	1	1
爱沙尼亚	5	<>/3	16	4	格鲁吉亚	1	1	/	/
日本	8	1	/	/	厄瓜多尔*	/	/	2	2

注：表中不包括涉及签订全部植物属种审查测试国际合作协议的数据。表中不包括止在磋商签订审查测试国际合作协议的数据。＊表示执行UPOV公约1978年文本的成员；未带＊表示执行UPOV公约1991年文本的成员。/表示无数据；<>表示对应国家指定的权威机构愿意为任何感兴趣的联盟成员进行测试；<>/数字表示部分作物种类可对任何联盟成员进行测试/部分作物种类可对部分联盟成员进行测试。

UPOV成员中有52个国家和组织在不同的植物属种范围内，通过购买其他成员的测试报告进行审查（表24）。大部分执行UPOV公约1978年文本的成员和执行UPOV公约1991年文本的成员参与了审查测试国际合作。

表24　购买其他成员测试报告的UPOV成员数和植物属种数

成员	属种数	成员数	成员	属种数	成员数
欧盟	1 398	20	瑞典	12	5
匈牙利	144	4	芬兰	11	7
俄罗斯	68	25	立陶宛	11	4
克罗地亚	68	18	摩尔多瓦	12	3
巴西*	62	18	西班牙	9	6
法国	56	10	以色列	8	2

成员	属种数	成员数	成员	属种数	成员数
土耳其	49	9	中国*	8	5
乌克兰	45	23	保加利亚	7	10
波兰	44	4	斯洛伐克	8	3
挪威*	39	14	拉脱维亚	6	4
捷克	36	4	瑞士	5	4
荷兰	33	7	爱尔兰	4	2
厄瓜多尔*	46	10	比利时	4	2
德国	31	9	乌拉圭*	4	1
秘鲁	28	10	南非*	2	5
斯洛文尼亚	29	10	澳大利亚	3	1
摩洛哥	26	9	哥伦比亚*	3	3
墨西哥*	27	7	坦桑尼亚	3	3
英国	28	8	日本	4	3
丹麦	22	9	玻利维亚*	2	2
奥地利	18	7	葡萄牙*	2	2
塞尔维亚	20	7	加拿大	1	1
罗马尼亚	21	6	新加坡	1	1
爱沙尼亚	18	8	阿根廷	1	1
白俄罗斯	16	10	智利*	1	1
肯尼亚	15	7	意大利	1	1

注：表中不包括涉及签订全部植物属种审查测试国际合作协议的数据。表中不包括正在磋商签订审查测试国际合作协议的数据。＊表示执行UPOV公约1978年文本的成员；未带＊表示执行UPOV公约1991年文本的成员。

附　录

附录一　2023年农业植物新品种保护大事记

2月

10日　农业农村部植物新品种测试中心的品种真实性检测和转基因成分检测两项能力验证连续5年被评为A。

3月

8日　农业农村部植物新品种保护办公室印发《关于征集第12批农业植物品种保护名录的通知》。

21日　农业农村部植物新品种保护办公室印发《农业植物新品种保护在线申请和审查工作规范（试行）》，于4月1日正式实施，此项规定标志着我国全面进入农业植物新品种权线上申请时代。

19—26日　农业农村部科技发展中心派员赴瑞士日内瓦参加UPOV相关会议。

31日　海南审协中心建设推进会在海南省三亚市举行，会议讨论了海南审协中心的功能定位、运行机制、任务安排，农业农村部种业管理司、海南省农业农村厅及农业农村部科技发展中心相关负责人参加了会议。

4月

1—2日　农业农村部与最高人民法院在海南省三亚市联合举办全国种业知识产权保护专题培训班，农业农村部副部长张兴旺、最高人民法院审判委员会副部级专职委员王淑梅出席开班式并讲话。培训班旨在增进种业知识产权与司法保护交流合作，强化有效衔接，加快提升植物新品种保护能力，共同构建种业知识产权大保护工作格局。

20—23日　2023年农业植物品种DUS测试和品种保护工作会在成都举办，总结2022年农业植物品种DUS测试和新品种保护工作，部署2023年工作。

| 23日 | 继国家水稻育种联合攻关组开展EDV制度试点以后，小麦、玉米、大豆攻关组启动实施EDV制度试点工作。 |

5月

11—12日	在郑州召开2023年普通小麦品种特异性、一致性和稳定性测试技术研讨会，交流了我国小麦育种、栽培、DUS测试等情况。
17日	农业农村部植物新品种保护办公室印发《农业植物新品种现场审查工作规范（试行）》，为具有独创性的品种开辟新的审查渠道，缩短审查流程，加快授权速度。
22—26日	派员参加UPOV第52届大田技术工作组（TWA）视频会议。共有来自48个UPOV成员、观察员及其他国际组织的144名代表参会。
24日	2023年农业植物新品种保护十大典型案例在第五届国家农作物品种审定委员会成立大会上发布。

6月

| 12—16日 | 派员参加UPOV第55届观赏植物与林木技术工作组（TWO）视频会议。共有来自30个UPOV成员、观察员及其他国际组织的83名代表参会。 |
| 15—21日 | 受农业农村部种业管理司委托，农业农村部植物新品种测试中心首次组织测试分中心专家对1 656个国审玉米和水稻品种DUS测试报告进行审查。 |

7—8月

| | 组成7个检查调研组，赴北京、四川等7省份，对54家单位的1 061个品种进行检查，全面摸底自主DUS测试情况。 |

8月

| 29—30日 | 第三届DUS青年论坛在辽宁锦州举办，来自全国28家DUS测试机构的64名青年代表参会。 |

9月

6日	组建现场审查组赴陕西省汉中市略阳县开展首次现场审查。
10—16日	UPOV副秘书长Peter Button先生来华访问，在北京、海南、昆明等地进行座谈、访问和考察。农业农村部张兴旺副部长等相关领导与之进行礼节性拜会。
12日	派员参加国际无性繁殖园艺植物育种家协会（CIOPORA）植物新品种保护座谈会。
21—22日	首届种业知识产权保护与运用推进行动（2023）在徐州开展，活动有助于提高我国种业知识产权科技成果转化和产业化水平，300多人参加系列活动。

10月

10—20日	组成3个检查组，赴哈尔滨、公主岭、张家口、西宁、杨凌、阜阳、重庆、余江和玉林9家分中心开展飞行检查，督促各机构提高DUS测试质量。
23—27日	派员赴瑞士日内瓦参加UPOV系列会议。

11月

19—22日	派员参加亚太种子协会年会，作中国新品种保护法律法规下的实质性派生品种制度实践专题报告。
21—24日	指导农业农村部植物新品种测试（上海）分中心通过欧盟食用菌品种DUS测试质量评估，我国DUS测试机构能力与质量管理水平得到欧盟专家的高度认可。

12月

8日	国家植物品种测试徐州中心项目建设筹备工作组第一次会议在江苏徐州召开。
15日	会同中国农业科学院作物科学研究所依据《保护品种繁殖材料清理工作方案》开展清理工作，标志着保护品种繁殖材料清理工作正式启动，助力实现品种样品"四个一"目标。

附录二　2023年农业植物新品种保护重要文件

农业农村部植物新品种保护办公室关于印发《农业植物新品种保护在线申请和审查工作规范（试行）》的通知

品保办〔2023〕6号

各有关单位：

为向品种权申请人提供更加便捷高效的在线申请和审查服务，进一步规范全流程网上业务办理，农业农村部植物新品种保护办公室制定了《农业植物新品种保护在线申请和审查工作规范（试行）》，现印发给你们，于4月1日正式实施，请遵照执行。

附件：农业植物新品种保护在线申请和审查工作规范（试行）

农业农村部植物新品种保护办公室
2023年3月21日

农业植物新品种保护在线申请和审查工作规范（试行）

第一条　为深入贯彻"放管服"改革精神，向品种权申请人提供更加便捷高效的在线申请和审查服务，根据《中华人民共和国种子法》《中华人民共和国植物新品种保护条例》以及《中华人民共和国植物新品种保护条例实施细则（农业部分）》，制定本规范。

第二条　申请人或代理机构应通过农业农村部政务服务平台进行注册登录，业务类别选择"植物新品种类"，事项名称选择"农业植物新品种权授权"，点击"网上申请"，进入"农业品种权申请系统"申请品种权。对于不具备在线申请条件的申请人，审查员应协助完成在线申请。（网址：https://zwfw.moa.gov.cn/）

第三条　农业农村部植物新品种保护办公室（以下简称品种保护办公室），承担品种权申请的受理、审查等事务。品种保护办公室应通过植物品种权审查信息管理系统（以下简称审查系统）开展品种权受理审查。对于符合规定的品种权申请，品种保护办公室应当予以受理，明确申请日、给予申请号，通过审查系统发送《品种权申请受理通知书》；对于不符合受理条件的申请，通过审查系统发送《受理审查意见》。

第四条　品种保护办公室应通过审查系统，自受理申请之日起6个月内完成初步审查。对经初步审查合格的品种权申请，品种保护办公室予以公告；对经初步审查不合格的品种权申请，品种保护办公室应当在审查系统中通知申请人3个月内陈述意见或者予以修正，逾期未答复或修正后仍然不合格的，驳回申请。

第五条　品种保护办公室应通过审查系统进行实质审查。品种保护办公室认为必要时，可以委托指定的测试机构进行测试或者考察业已完成的种植或者其他试验的结果。

第六条　申请人可以通过农业品种权申请系统在品种权授予前修改或者撤回品种权申请。

第七条　品种保护办公室应通过审查系统对品种权授权前修改或者撤回品种权申请进行处理，并发送相应的处理结果。

第八条　对经在线审查符合授权条件的品种权申请，由农业农村部作出授予品种权的决定，颁发品种权证书，并予以公告后，在审查系统中予以登记。对经在线审查不符合授权条件的品种权申请，品种保护办公室予以驳回，并通过农业品种权申请系统通知申请人。

第九条　品种保护办公室各类文件以在线发文日为送达日。文件发送至申请人的账户，视为该文件已送达。

第十条　如申请人需要相关的文件，应通过农业品种权申请系统自行下载并打印。

第十一条　本规范自2023年4月1日起施行。

农业农村部植物新品种保护办公室关于印发《农业植物新品种现场审查工作规范（试行）》的通知

品保办〔2023〕11 号

各有关单位：

为规范农业植物新品种现场审查工作，提高审查效率，农业农村部植物新品种保护办公室制定了《农业植物新品种现场审查工作规范（试行）》，现印发给你们，于印发之日起施行，请遵照执行。

附件：农业植物新品种现场审查工作规范（试行）

农业农村部植物新品种保护办公室

2023 年 5 月 17 日

农业植物新品种现场审查工作规范（试行）

第一条　为规范农业植物新品种现场审查工作，提高审查效率，根据《中华人民共和国种子法》《中华人民共和国植物新品种保护条例》以及《中华人民共和国植物新品种保护条例实施细则（农业部分）》有关规定，制定本规范。

第二条　农业农村部植物新品种保护办公室（以下简称品保办）负责现场审查的组织实施工作。

第三条　本规范所称现场审查，指由现场审查组依据有关法律法规、技术标准和植物新品种申请文件等，在申请品种田间种植地点进行审查的方式，是农业植物新品种实质审查的有效补充。

第四条　现场审查的农业植物品种，应当至少具备以下条件之一：

（一）所属属（种）的申请量很少；

（二）具有较大社会或经济价值；

（三）育种技术、方法、成果等具有独创性；

（四）要求特殊栽培技术和管理措施；

（五）其他品保办认为必要的条件。

第五条　现场审查应依据《农业植物新品种权审查指南》、国内外植物属（种）测试技术标准、国际植物新品种保护联盟（UPOV）系列技术文件等相关技术文件进行。

第六条　现场审查由品保办组织现场审查组进行。现场审查组应至少由3名成员组成，其中组长1名、组员若干。审查组成员应至少包括审查员1名、测试专家1名、育种专家1名。

参加现场审查的专家应有高级以上专业技术职称或同等专业水平，具有相应专业知识和实际工作经验，从事相关专业领域工作五年以上。

第七条　现场审查组成员有下列情形之一的，应当自行回避，申请人也可口头或者书面申请其回避：

（一）是申请人的近亲属；

（二）与申请人有利害关系；

（三）与申请人有其他关系，可能影响公正审查的。

第八条　审查员应确定审查内容和时间，并向申请人发送《现场审查通知书》（附件1），载明有关事项。

第九条　现场审查组可以向申请人了解申请品种培育过程、种植情况等情况，查阅育种原始记录等资料，必要时要求申请人提供相关材料和证明。

申请人应予以必要的配合，并提供真实资料和证明。不配合或提供虚假资料，影响现场审查工作开展的，应承担由此造成的后果。

第十条　现场审查组对申请品种的现场生长情况进行审查时，可采取以下方式：

确定种植现场位置，拍摄种植现场照片；

了解育种过程，品种特征特性，采集性状描述数据，拍摄性状描述照片；

采集组织样品，用于DNA样品保存和检测。

其他必要的方式。

第十一条　现场审查组根据现场汇报、观测、答辩等结果，本着科学、严谨、公正的原则，及时作出现场审查结论。

出具审查结论由审查组集体表决，实行"一票否决"制。审查结论不应受任何单位或个人的干预。

第十二条　现场审查结束后应制作现场审查报告（附件2），一式两份，经现场审查组全体成员签字确认后，品保办和申请人各留存一份。

第十三条　同一申请品种原则上只进行一次现场审查，因不可抗力因素造成现场审查失败的，品保办应安排第二次现场审查。

第十四条　现场审查组成员应当忠于职守、公正廉洁，严守保密规定。不依法履行职责，弄虚作假、徇私舞弊的，按照有关法律法规进行处理；相应的现场审查无效，品保办重新组织现场审查。

第十五条　本规范自印发之日起施行。

附件：1.现场审查通知书
　　　2.现场审查报告

附件1

现场审查通知书

邮编:	发文日期： 年 月 日
地址：	
申请号	品种暂定名称：
植物种类：	品种类型：
申请人：	

现场审查通知书

我办公室决定对 ＿＿＿＿＿＿＿＿＿（申请品种暂定名称）采取现场审查方式进行审查。

1.审查依据：

《中华人民共和国种子法》《中华人民共和国植物新品种保护条例》《中华人民共和国植物新品种保护条例实施细则（农业部分）》《农业植物新品种权审查指南》，我国测试技术标准及UPOV技术文件。

2.田间种植要求：

（1）申请品种植株数至少应满足测试技术标准中对该属种观测数量的最低要求；

（2）如我国没有该属（种）测试技术标准，种植株数参照相近的农业植物属（种）或UPOV技术文件要求；

（3）育种及田间种植过程应当保留原始记录以备查验。

3.审查时间安排：按照农业农村部植物新品种保护办公室审查员与申请人沟通确定的时间进行现场审查，一个申请品种原则上只进行1次现场审查。

4.繁殖材料的保存：申请人应当自己保藏好申请品种的繁殖材料，我办公室需要时，申请人能够随时提供所需的申请品种繁殖材料。

5.测试技术标准等资料下载网址：1）农业农村部种业管理司网站：http//www.zzj.moa.gov.cn；2）农业农村部科技发展中心网站：http://www.nybkjfzzx.cn ；3）UPOV网址：http://www.upov.int。

审查员	审查部门

附件2

现场审查报告

一、现场审查参加人员：			

二、申请品种背景资料			
暂定名称		植物种类	
申请人			
申请号		申请日	
亲本		繁殖方式	
育种编号		近似品种名称	

三、田间审查			
种植地点		种植时间	
小区面积		群体大小	
样品采集			

申请品种性状描述	性状名称（编号）	性状表达状态（代码/数值）	照片（可另附页）

四、文件审查

序号	审查事项	是	否	不符合记录
1	品种现场情况是否与申请文件一致			

2	育种原始记录是否完备			
3	育种过程是否翔实合理			

五、结果

保护名录	在名录内		不在名录内	
	备注：			
申请品种暂定名称	适当		不适当	
	备注：			
新颖性	具备		不具备	
	备注：			
一致性	具备		不具备	
	备注：			
稳定性	具备		不具备	
	备注：			

特异性	具备	性状名称	申请品种表达状态	近似品种表达状态	照片
	不具备				
	备注：				

审查结论：

符合授权条件　　□　　　　完善材料后符合授权条件　　□

不符合授权条件　　□　　　　其他＿＿＿＿＿＿＿＿＿＿＿

审查组成员签字：

年　　月　　日

农业农村部植物新品种保护办公室关于征集第12批农业植物品种保护名录的通知

品保办〔2023〕5号

各有关单位：

根据《中华人民共和国植物新品种保护条例》规定，现公开征集第12批列入农业植物品种保护名录的植物属（种），具体通知如下：

一、推荐原则

推荐植物属（种）应满足下列条件之一：

（一）有利于加快培育和保护一批优质绿色专用品种，满足产业、市场和公众迫切需求，加快农业强国建设；

（二）有利于调动育种者创新积极性，鼓励更多领域植物育种创新，提高我国整体育种水平；

（三）有利于充分发挥我国品种资源丰富优势或一定育种优势，培育当地优势特色产业，增强特色产业国际竞争力；

（四）有利于引进国外优质资源和品种，促进农业增产增效和满足消费者多样性需求。

二、推荐范围

粮、油、麻、糖、菜、草、绿肥、食用菌、果树（水果部分）、草本花卉、草本药材等植物属（种）。林业和木本花卉及前11批农业植物品种保护名录涉及的属（种）不在推荐范围内（详细情况可查阅农业农村部科技发展中心网站 http://www.nybkjfzzx.cn）。

三、有关要求

推荐的单位或个人应填写"第12批农业植物品种保护名录推荐表"，每个推荐属（种）一张表、一份植物属（种）介绍（详见附件1、2），单位推荐的出具公函，推荐期截至2023年7月10日。来函请寄：北京市经济技术开发区荣华南路甲18号科技大厦203室，农业农村部科技发展中心植物新品种测试处，邮编100176。同时发送电子邮件至kaixi0526@163.com。

联系方式：

农业农村部种业管理司品种管理处　彭福祥
电话：010-59191621
农业农村部科技发展中心植物新品种测试处　张凯淅
电话：010-59198106　59198100（传真）

附件：1.第12批农业植物品种保护名录推荐表
　　　2.植物属（种）介绍（模板）

农业农村部植物新品种保护办公室

2023年3月8日

第12批农业植物品种保护名录推荐表

中文名		拉丁名		英文	
推荐理由	资源、育种情况				
	产业和市场情况				
	引进国外优质资源及进出口贸易与知识产权利弊分析				
	备注				
推荐单位					
地址			邮编		
推荐专家姓名			职称/职务		
联系电话			Email		

注：每推荐一个属（种）都要填写一张推荐表。

植物属（种）介绍（模板）

——xxx 属（种）

一、植物学分类情况

二、国内外种质资源情况

三、国内研发情况

四、国内种植及市场情况

（请附 1 ～ 2 张该植物属种图片和田间种植图片）

附录三 2023年农业植物新品种保护十大典型案例

案例一 玉米"彩甜糯6号"亲本品种权侵权纠纷案

荆州市恒彩农业科技有限公司诉甘肃金盛源农业科技有限公司、郑州市华为种业有限公司侵害植物新品种权纠纷案 [最高人民法院（2022）最高法知民终13号民事判决书、河南省郑州市中级人民法院（2021）豫01知民初638号民事判决书]

【案情摘要】

荆州市恒彩农业科技有限公司（简称"恒彩公司"）因甘肃金盛源农业科技有限公司（简称"金盛源公司"）、郑州市华为种业有限公司（简称"华为种业公司"）侵害玉米"彩甜糯6号"的母本"T37"和父本"WH818"的植物新品种权纠纷，向河南省郑州市中级人民法院（简称"一审法院"）提起诉讼。涉案品种"T37"和"WH818"的品种权授权日均为2019年1月31日，品种权号分别为CNA20150367.6和CNA20150368.5，品种权人均为荆州区恒丰种业发展中心和中国种子集团。荆州区恒丰种业发展中心为个体工商户，后经核准转型升级为恒彩公司。"彩甜糯6号"审定编号为国审玉20170044，品种来源记载为"T37×WH818"，审定中的申请者、育种者均为荆州区恒丰种业发展中心。

2020年5月25日，恒彩公司委托人在公证员见证下登录惠农网，在金盛源公司店铺购买了5袋标注为"彩甜糯866"的种子，包装显示种子由华为种业公司监制。5月29日收到上述种子后，提交至河南优立检测技术服务有限公司（简称"优立检测公司"）检测。检测报告显示，上述种子与对照样品"T37""WH818"排除亲子关系位点数为0。相关过程均由公证文书记录并附照片等证据材料。

华为种业公司提供了检测报告，证明由其自行送检的"彩甜糯866"样本和对比样品"彩甜糯6号"为不同品种。但恒彩公司认为该检测报告不具有证明力，要求法院从农业农村部植物新品种保藏中心调取"T37"和"WH818"标准样品，与被诉侵权玉米种子进行亲本关系鉴定。一审法院以目前国内没有具备检测该鉴定事项资质的鉴定机构为由，不予鉴定。恒彩公司对被诉侵权玉米种子与"彩甜糯6号"进行了真实性鉴定，华为种业公司对被诉侵权玉米种子与自己提供的"彩甜糯866"进行了真实性鉴定。2021年10月15日，北京市农林科学院玉米研究所（简称"玉米研究所"）出具的BJYJ202100702585号检测报告显示，被诉侵权玉米种子与审定标准样品"彩甜糯6号"差异位点数为0，系极近似或相同品种；BJYJ202100702586号检测报告显示，被诉侵权玉米种子与华为种业公司自产的"彩甜糯866"差异位点数为35个，为不同品种。一审法院认为，"彩甜糯6号"没有获得品种权保护，恒彩公司提供的现有证据不足以证明华为种业公司使用"T37"与"WH818"生产"彩甜糯866"种子并销售的事实，判决驳回原告的诉讼请求。

恒彩公司以一审认定事实不清、举证责任分配不当、不予鉴定存在错误为由，向最高人民法院知识产权法庭（简称"二审法院"）提起上诉。二审中，恒彩公司提交了新的证据，包括1份2021年6月4日在华为种业公司官方淘宝店购买"彩甜糯866"玉米种子的详细说明，优立检测公司出具的与样品"T37""WH818"排除亲子关系位点数为0的检测报告及相关公证文书，玉米研究所出具的3185号、2996号亲缘关系检测报告。二审庭审中，玉米研究所有关专家对亲缘关系检测报告进行解释，由于玉米杂交种种子的种皮组织来源于其母本，3185号检测报告依据《玉米品种鉴定技术规程　SSR标记法》（NY/T 1432—2014），将本次所购的"彩甜糯866"的种皮与母本"T37"进行同一性鉴定，差异位点数为0；由于目前我国没有玉米亲子鉴定的行业标准，2996号检测报告参考NY/T 1432—2014实验流程，对上述"彩甜糯866"样品分别与"T37""WH818"进行亲子鉴定，结论是不能排除具有亲子关系，但也不能直接确定具有亲子关系。

二审法院依据恒彩公司两次所购种子包装及其二维码等信息，并通过金盛源公司和华为种业公司的收发货凭证和记录，确认金盛源公司从华为种业公司购买"彩甜糯866"种子的事实，认定被诉侵权玉米种子是由华为种业公司生产、销售这一事实具有高度可能性。针对被诉侵权玉米种子是否使用了授权品种"T37""WH818"作为母本、父本的焦点问题，二审法院认为，首先，考虑到在实际玉米育种生产中，使用不同亲本通过杂交选育得到相同或者极近似品种的概率很小。BJYJ202100702585号检测报告显示，被诉侵权玉米种子与农业农村部审定标准样品"彩甜糯6号"差异位点数为0，可以初步推定被诉侵权玉米种子使用了与审定品种"彩甜糯6号"相同的母本、父本这一事实具有高度可能性。其次，虽然玉米研究所BJYJ202100702586号检测报告显示，被诉侵权玉米种子与华为种业公司自行提供的"彩甜糯866"为不同品种，但不能用华为种业公司自产的"彩甜糯866"来推定没有使用被诉侵权玉米种子的亲本。最后，3185号和2996号检测报告虽然不属于《中华人民共和国民事诉讼法》所称的通过司法鉴定程序获得的鉴定意见，但检测报告中样品来源清晰、检测机构和检测人员具有玉米种子专业检测能力，在没有相反证据的情况下，具有证明力。3185号检测报告可以认定"T37"系被诉侵权玉米种子的母本，2996号检测报告显示不能排除"WH818"为被诉侵权玉米种子父本的可能。综上，恒彩公司已就被诉侵权玉米种子使用"T37""WH818"作为母本、父本生产的事实完成了举证责任。华为种业公司没有举出被诉侵权玉米种子是通过其他亲本繁育的相反证据，应承担对其不利的后果。

二审法院认为，根据2015年修订的《中华人民共和国种子法》（简称《种子法》）第二十八条、第七十三条第三款、第四款，华为种业公司未经品种权人许可，出于商业目的，将涉案授权品种"T37""WH818"的繁殖材料重复用作生产另一品种的繁殖材料，侵害了"T37""WH818"的品种权，应承担停止生产行为的侵权责任。对于华为种业公司销售侵权品种繁殖材料的行为，虽然《种子法》没有明确规定是否为侵权行为，但考虑到本案中销售行为是重复使用授权品种生产行为的自然延续，从制止生产者侵权行为、防止损失扩大角度来说，其仍应承担停止销售行为的法律责任。对于金盛源公司销售被诉侵权玉米种子的行为，由于本案中尚无证据证明其在被诉侵权行为发生时知道被诉侵权玉米种子系侵害他人品种权的种子，因此金盛源公司在本案中的销售行为并不构成侵权，无须承担侵权责任。此外，涉案玉米品种"彩甜糯866"属于主要农作物品种，须经品种审定后才能生产销售，本案被告生产销售"彩甜糯866"行为还涉嫌违反《种子法》第十五条、第二十三条的规定，根据有关规定移送农业农村行政主管部门处理。

综上，二审法院判决撤销一审判决，责令华为种业公司立即停止侵害"T37""WH818"品种权行为，赔偿恒彩公司经济损失20万元、合理开支2万元，共计22万元，驳回恒彩公司其他诉讼请求。

【典型意义】

本案是关于未经许可重复利用授权品种繁殖材料生产另一品种繁殖材料这一侵权行为认定的典型案例。本案被列入2023年最高人民法院发布的第三批人民法院种业知识产权司法保护典型案例。

本案的典型意义在于，一是对未经许可重复利用授权品种繁殖材料生产另一品种繁殖材料的行为判定提供了指导。《种子法》中规定未经许可使用授权亲本生产杂交种的行为属于侵权行为，但对未经许可使用授权亲本销售杂交种的行为没有明确规定。本案中侵权主体除了重复使用授权品种进行生产，后续还进行销售，由于这种销售行为是上述生产行为的自然延续，侵权主体需承担停止销售行为的法律责任，而另一销售主体在被诉侵权行为发生时不知道销售的种子是侵权种子，则不构成侵权。二是在没有亲子鉴定标准的情况下，以杂交种相同推定所使用亲本相同的事实推定被诉杂交种与授权品种存在亲子关系，将证明被诉侵权种子的亲本不是涉案授权品种的法律责任转移至被告，对进一步扩展植物新品种权保护环节、加强保护力度进行了积极探索。三是明确在没有相关鉴定标准的情况下，鉴定报告样品来源清晰、检测机构和检测人员具有专业检测能力，在没有相反证据的情况下，鉴定报告具有证明力，为解决侵权"鉴定难"问题提供了思路。四是将未经审定推广玉米种子的违法行为线索移送行政主管部门处理，体现了加强司法保护与行政执法的有机衔接，助力构建知识产权大保护格局。

本案也提醒品种权人应及时对符合授权条件的杂交种及其亲本都进行品种权保护，杂交种若没有进行品种权保护，仅通过授权亲本主张权利将增加举证难度。

案例二　猕猴桃"杨氏金红1号"品种权侵权纠纷案

四川依顿猕猴桃种植有限责任公司诉马边彝族自治县石丈空猕猴桃专业合作社侵害植物新品种权纠纷案［最高人民法院（2022）最高法知民终211号民事判决书、四川省成都市中级人民法院（2020）川01知民初523号民事判决书］

【案情摘要】

四川依顿猕猴桃种植有限责任公司（简称"依顿猕猴桃公司"）因马边彝族自治县石丈空猕猴桃专业合作社（简称"石丈空合作社"）侵害猕猴桃"杨氏金红1号"植物新品种权纠纷，向四川省成都市中级人民法院（简称"一审法院"）提起诉讼。涉案品种"杨氏金红1号"的品种权授权日为2014年11月1日，品种权号为CNA20110642.7，品种权人为扬州杨氏果业科技有限公司（简称"杨氏果业公司"）。杨氏果业公司许可四川依顿农业科技开发有限公司（简称"依顿农业公司"），享有排他性使用"杨氏金红1号"品种的权利。杨氏果业公司和依顿农业公司共同授权依顿猕猴桃公司以自己名义对侵害"杨氏金红1号"品种权的行为进行维权打假，包括但不限于以自己名义提起民事诉讼。

石丈空合作社分别于2018年1月19日和2019年12月18日从案外人成都市欣耀农业开发有限公司（简称"欣耀公司"）处购买"杨氏金红1号"枝条后，采用将枝条上芽孢嫁接到实生苗砧木上的方式，在四川省乐山市马边彝族自治县的两个基地一共种植了7 000株猕猴桃树。涉案两个种植基地是石丈空合作社经营的参股项目，也是当地扶贫项目，以流转承包农户土地的方式种植，其中一个基地以"合作社+农户（贫困户）"的模式进行经营，农户股权占比为16.7%（贫困户股权占比为5%），另一个基地以"合作社+村民委员会"的模式进行经营，其中村民委员会股权占比为20%。欣耀公司是依顿农业公司授权的种植方，负有保守商业秘密和不流出接穗的义务。

原被告双方确认两基地种植的猕猴桃树与涉案授权品种为同一品种。一审诉讼中，石丈空合作社认为购买涉案品种进行接穗种植，是为了收获果实而不是繁殖苗木，不属于生产授权品种繁殖材料的行为，同时该项目属于扶贫项目，属于农民自繁自用。一审法院审理认为，不论行为人种植是为了获取果实还是生产新的可用于繁殖的枝条，由于无性繁殖品种可以自我繁殖，石丈空合作社购买未经品种权人许可售出的接穗，将接穗上芽孢进行芽接后再种植，必然生长出新的繁殖材料；基地种植涉案猕猴桃树7 000株，占地100多亩，以农民承包地入股，由被告参股经营，不属于农民自繁自用，构成侵权。考虑到涉案猕猴桃树即将进入结果期，铲除损失较大，综合种植户利益和原告方诉讼请求，一审法院认为不铲除涉案树木并支付品种许可使用费将更利于本案的处理。关于品种许可使用费标准的问题，因查明种植数量为7 000株，对具体的亩数双方并未形成一致意见，故一审法院认为应按照每年每株计算品种许可使用费。1株猕猴桃树进入结果期后正常的年产量在40～50斤*，且双方均认可涉案猕猴桃品种的收购价为每公斤**10元，即每株树1年的产值在200～250元，除去管理成本、人工成本以及未进入结果期之前的时间成本，加之本案存在贫困农民合作入股等特殊情形，原审法院酌情确定石丈空合作社按每株每年10元（共

---

* 斤为非法定计量单位，1斤=0.5千克。——编者注
** 公斤为非法定计量单位，1公斤=1千克。——编者注

计7 000株）的标准向依顿猕猴桃公司支付品种许可使用费。以石丈空合作社第二次购买时间即2019年12月18日为起算时间，至开庭之日即2021年7月16日，共计品种许可使用费110 833元，此后以每年每株10元的标准按照实际株数计算，至停止种植涉案猕猴桃树为止，最长不超过涉案品种权保护期限届满日。同时酌情确定石丈空合作社向依顿猕猴桃公司支付合理开支30 000元。

石丈空合作社不服一审判决，向最高人民法院知识产权法庭（简称"二审法院"）提起上诉，认为从欣耀公司购买涉案猕猴桃树接穗时，欣耀公司明确表明自己有权销售，因此自己购买时没有侵权的故意；猕猴桃产量与年份、管理、环境密切相关，猕猴桃在自己所在地每株年产量为6～8斤，一审以每株产量40～50斤确定的品种权许可使用费过高。二审中，石丈空合作社提供四川省乐山市马边彝族自治县农业农村局出具的情况说明、扶贫合作项目补充协议以及涉案猕猴桃许可种植协议等证据，用以证明猕猴桃树种植情况、许可使用费和项目扶贫情况。依顿猕猴桃公司提交与另一案外人某种植专业合作社签订的关于"杨氏金红1号"授权种植销售协议书等证据，用以证明猕猴桃的经营模式、许可使用费及每株产量。

二审法院认为，石丈空合作社被诉行为是否构成未经许可生产、繁殖授权品种繁殖材料的行为，如何确定许可使用费是二审争议焦点。欣耀公司虽然与依顿农业公司合作种植而合法获得了繁殖材料，但其负有不流出接穗的义务，因此石丈空合作社获取枝条并未经过权利人的许可；涉案种植基地的扶贫项目有部分贫困户参与，但实际由以营利为目的的石丈空合作社进行建设、运营和管理，属于营利性的生产、繁殖行为，不属于私人非商业性使用；石丈空合作社使用枝条是以生产繁殖授权品种为目的的，构成2015年修订的《中华人民共和国种子法》（简称《种子法》）第二十八条所禁止的侵权行为，应承担侵权责任。

关于许可使用费的问题，二审法院认为，第一，从双方提供的种植销售协议等证明可知，品种权人和利害关系人获得的收益不仅包括品种权使用费，而且包括销售繁殖材料的收益、从实施者销售收入中提取的市场管理服务费或者按照固定价格全部买断后自行销售的获利、从代为采购农业生产资料中提取的管理费以及技术服务费等。石丈空合作社客观上也从依顿猕猴桃公司的市场管理行为包括品牌维护中获利，例如选送"杨氏金红1号"果实参加猕猴桃品鉴会并获得金奖。第二，不进行科学栽培、管理，不付出勤勉劳动，即使许可实施，也无法保障其获利，这不应成为石丈空合作社减少或免除许可使用费的合法理由。二审法院审理前已经告知石丈空合作社补充会计凭证、销售合同等与实际产量有关的直接证据，但是其并未提交，而是提供了自行制作并由马边彝族自治县农业农村局证明属实的情况说明，该证据属于石丈空合作社的单方陈述，在其可以提供直接证据证明产量的情况下，二审法院不予采信。依顿猕猴桃公司主张每亩产量在4 000斤左右，最高可达6 000斤，这是在依顿猕猴桃公司提供技术指导进行科学管理的情况下可能达到的最大产量，也不能以此来确定许可使用费。考虑到本案猕猴桃树在嫁接、种植后，要经过试挂果期、结果期、盛果期等，成熟的猕猴桃树有长达十几年甚至20多年的盛果期，可以将大量结果期的产量作为确定许可使用费的考虑因素，一审法院确定每年每株许可使用费为10元并无不当。一审法院以石丈空合作社从欣耀公司最后一次购买接穗的时间为起算时间，已经有利于石丈空合作社。石丈空合作社关于其实际没有营利，许可使用费过高的上诉理由，缺乏证据支持，二审法院判决驳回上诉，维持原判。

【典型意义】

本案是关于新型农业经营主体使用未经品种权人许可而售出的无性繁殖品种进行生产繁殖构成侵权的典型案例。本案被列入2023年最高人民法院发布的第三批人民法院种业知识产权司法保护典型案例。

本案的典型意义在于，一是进一步明确无性繁殖品种种植行为的侵权认定。涉案猕猴桃属于无性繁殖品种，由于无性繁殖品种可以自我繁殖，种植无性繁殖品种必然生长出新的繁殖材料，因此，除私人非商业性使用外，未经许可种植授权无性繁殖品种的行为都会涉及2015年修订的《种子法》第二十八条中生产、繁殖授权品种繁殖材料的行为。二是以支付许可使用费代替停止侵权的处理方法，即维护了品种权人合法权利，又兼顾了种植户的经济效益，避免了资源浪费。在确定许可使用费时，系统考量了授权品种商业价值，通过考虑猕猴桃产量、相关劳务、管理、生产资料和技术指导费等成本、贫困农民合作入股等特殊情况确定许可使用费标准，并以原审法庭辩论终结作为分界点，分段计算许可使用费金额，对后续相关案件的审理具有良好的示范作用。三是在巩固脱贫攻坚成果、推进乡村振兴的过程中，农业合作社、种植大户等新型农业经营主体应注意审查种苗、种子的合法来源，确保种植的农作物是经权利人许可的。本案中种植基地虽为当地扶贫项目，但实际由以营利为目的的市场主体合作社进行建设、运营和管理，种植规模大，且贫困农户股权比例较小，不属于私人非商业性使用授权品种行为，承担了侵权责任。

案例三　玉米"YA8201"品种权侵权纠纷案

四川雅玉科技股份有限公司诉云南金禾种业有限公司、云南瑞禾种业有限公司侵害植物新品种权纠纷案［最高人民法院（2022）最高法知民终789号民事判决书、云南省昆明市中级人民法院（2021）云01知民初106号民事判决书］

【案情摘要】

四川雅玉科技股份有限公司（简称"雅玉公司"）因云南金禾种业有限公司（简称"金禾公司"）与云南瑞禾种业有限公司（简称"瑞禾公司"）未经许可利用玉米授权品种"YA8201"生产杂交品种"金禾880"侵害植物新品种权纠纷，向云南省昆明市中级人民法院（简称"一审法院"）提起诉讼。涉案品种为玉米"YA8201"，品种权授权日为2010年1月1日，品种权号为CNA20060204.7，品种权人为雅玉公司。

2021年4月23日，雅玉公司在中国种业大数据平台查到，金禾公司为玉米"金禾880"云南品种审定的申请者和育种者，于2013年在云南省用母本"LSC107"和授权品种父本"YA8201"配制杂交组合；自2019年12月30日至2021年4月19日，累计有458条生产经营备案信息，涉及种子数量为76 549.5公斤；全国种子市场监测信息发布平台显示，规格为1公斤/袋的"金禾880"种子价格为55元，四川省成都市律政公证处对上述过程进行证据保全。2021年3月25日，雅玉公司向被告发告知函，要求协商涉案授权品种使用问题。2021年4月9日，瑞禾公司复函，称其与金禾公司在2020年11月12日签订《杂交玉米新品种合作协议》，愿意配合调查取证。该协议规定金禾公司对"金禾880""金禾玉618"（另案处理）享有知识产权，瑞禾公司需协助其办理生产经营备案手续，并提供生产经营许可证复印件、营业执照复印件、委托书等备案资料，向瑞禾公司支付2020年11月2日至2021年11月2日的年度品种管理费60 000元。

一审庭审中，金禾公司抗辩"金禾880"的亲本"YA8201"与涉案授权品种"YA8201"系名称相同，品种不同。一审法院要求其承担证明二者不是同一品种的举证责任，金禾公司申请法院对上述品种进行鉴定。雅玉公司提交了从云南省种子管理站调取的"金禾880"审定申请表。申请表记载，"金禾880"的亲本"YA8201"由雅玉公司选育，2011年由金禾公司引入。考虑到上述信息由金禾公司填写，并承诺保证信息真实，一审法院驳回金禾公司的鉴定申请。瑞禾公司申请追加"金禾880"的实际生产者西昌垦丰农业科技有限公司（简称"垦丰公司"）为共同被告，雅玉公司不同意追加。经审查，一审法院认为，金禾公司以"YA8201"为亲本生产、销售"金禾880"的行为侵害了雅玉公司的植物新品种权；瑞禾公司在金禾公司生产、销售"金禾880"的过程中，将农作物种子生产经营许可证出借给金禾公司，构成帮助侵权；没有证据或理由表明垦丰公司属于必须参加诉讼的当事人，雅玉公司有权选择不向垦丰公司主张权利；综合考虑"金禾880"原始批发价格与市场销售价格的差异，金禾公司所支出的亲本种子、生产费用、运输成本、人工等费用，按照亲本"YA8201"对繁育"金禾880"有50%的贡献率计算，确定侵权赔偿额为228 448.5元；考虑金禾公司借用瑞禾公司的农作物种子生产经营许可证，持续、大量生产、销售"金禾880"，并在诉讼过程中存在不诚信，对金禾公司适用1倍惩罚性赔偿。一审法院判决金禾公司、瑞禾公司停止生产、销售"金禾880"，支付侵权损失456 897元，瑞禾公司承担连带赔偿责任。

雅玉公司认为损害赔偿数额计算有误，金禾公司认为"金禾880"是以"YA8201"的变异株为亲本，与涉案授权品种为不同品种，不构成侵权，均向最高人民法院知识产权法庭（简称"二审法院"）提起上诉。二审中，雅玉公司提交2022年1月8日"金禾880"玉米种子销售凭证以及云南鼎程种业有限公司（简称"鼎程公司"）农作物种子生产经营许可证（副本），证明原审判决后，金禾公司借用鼎程公司生产资质继续实施侵权行为。二审法院确认一审法院查明的事实基本属实。考虑到金禾公司坚持其使用的是"YA8201"的变异株，要求进行DNA鉴定，二审法院通过向云南省农作物品种审定委员会办公室进行调查，确认金禾公司在"金禾880"品种审定时没有提交母本、父本的DNA指纹信息或母本、父本的种子标准样品，且在金禾公司无法提交其他对照样品用于鉴定的情况下，认为金禾公司申请鉴定的事项不具备鉴定条件，同时确认金禾公司一审时没有提出利用"YA8201"变异株选育"金禾880"这一理由，且云南品种审定申请表已记载以雅玉公司的"YA8201"作为亲本选育"金禾880"的事实，一审法院不准许鉴定申请，无明显不当。

二审法院认为，本案被诉侵权行为应适用2015年修订的《中华人民共和国种子法》（简称《种子法》）等相关规定，争议焦点为侵权认定和损害赔偿数额确定等问题。金禾公司出于商业目的，将"YA8201"重复用于生产"金禾880"，构成对涉案授权品种"YA8201"的品种权的侵害，瑞禾公司出借其农作物种子生产经营许可证，从中获利，构成帮助侵权。考虑到金禾公司申请"金禾880"云南品种审定时知道"YA8201"为雅玉公司选育并获品种权保护，并借用瑞禾公司农作物种子生产经营许可证生产经营"金禾880"，属于《最高人民法院关于审理侵害植物新品种权纠纷案件具体应用法律问题的若干规定（二）》（简称《司法解释（二）》）第十七条第一款第五项规定的"租借种子生产经营许可证"情形，可以认定为侵权行为情节严重，支持雅玉公司主张适用1倍惩罚性赔偿的请求。关于侵权损害赔偿的计算，由于金禾公司不提供其财务账簿等证据证明获利情况，构成举证妨碍，应承担举证妨碍的相应后果。一审法院以中国种业大数据平台中的"金禾880"相关备案信息为依据，认定"金禾880"的生产经营数量为76 549.5公斤，并无不当；按照雅玉公司主张的"金禾880"利润为每公斤20元，且考虑"金禾880"的母本"LSC107"也为受保护品种，确定"YA8201"对"金禾880"玉米杂交品种的贡献率为50%，确认金禾公司截至2021年3月25日因生产经营"金禾880"而侵害雅玉公司"YA8201"品种权的侵权获利为761 495元，同时支付1倍惩罚性赔偿金，共计赔偿雅玉公司1 522 990元。二审判定金禾公司赔偿雅玉公司经济损失1 522 990元，瑞禾公司对上述赔偿数额承担连带责任。

【典型意义】

本案是因租借农作物种子生产经营许可证故意侵犯植物新品种权被判承担惩罚性赔偿的典型案例。本案被列入2023年最高人民法院发布的第三批人民法院种业知识产权司法保护典型案例。

根据《种子法》第七十二条规定，对于故意侵犯植物新品种权，情节严重的，可以在适用计算基数的1倍以上5倍以下确定赔偿数额。《司法解释（二）》第十七条规定，除有关法律和《司法解释（二）》规定的情形以外，涉及重复侵权，以侵权为业，伪造品种权证书，无标识、标签销售，无证生产经营，以不正当手段获得、伪造、变造、变卖、租借农作物种子生产经营许可证等情形也可以认定为侵权行为情节严重，并可按照计算基数的2倍以上确定惩罚性赔偿数额。本案中以"合作"为名实为"租借农作物种子生产经营许可证"

从事侵害品种权的违法行为，属于上述情形之一，且涉案证据充分表明被控侵权人属于故意侵权的情形。被控侵权人抗辩租借其他公司农作物种子生产经营许可证是行业通行做法。审理法院对本案被控侵权人判定1倍惩罚性赔偿，共计2倍的赔偿数额，对上述所谓的"通行做法"提出了严重警示。

  同时，涉案授权品种权利人利用中国种业大数据平台所载生产经营备案信息，以及被控侵权人种子生产经营许可网上申报系统数据，提出相应的损害赔偿数额。在被控侵权人拒不提供生产经营数量及价格的情况下，审理法院依法参考权利人的主张和提供的证据，合理扣除相应的各类成本，并结合授权亲本品种在杂交品种生产经营中的贡献率，判定了赔偿数额，为参照侵权所获得利益判定损害赔偿数额提供了借鉴思路。

案例四　玉米"强硕68"品种权无效行政纠纷案

大连致泰种业有限公司诉农业农村部植物新品种复审委员会宣告植物新品种权无效行政纠纷案［最高人民法院（2022）最高法知行终809号行政判决书、北京知识产权法院（2021）京73行初3144号行政判决书，农业农村部植物新品种复审委员会2020年第25号品种权无效宣告审理决定］

【案情摘要】

涉案品种为玉米品种"强硕68"，品种权申请日为2009年12月9日，授权日为2014年3月1日，品种权号为CNA20090802.7，品种权人为衣泰龙。

2019年1月24日，大连致泰种业有限公司（简称"致泰公司"）向农业农村部植物新品种复审委员会（简称"复审委"）请求宣告"强硕68"品种权无效。其理由是，"2008年6月24日张掖市敦煌种业有限公司（简称"敦煌公司"）在原种子生产许可证上增加了'强硕68'的品种名称，且甘肃省种子管理局要求增加种子生产许可需以双方签订生产协议为条件；2015年10月20日敦煌公司向辽宁省沈阳市中级人民法院出具的证明函中记载，衣泰龙委托敦煌公司为其培育'强硕68'玉米种子，并以每公斤6.3元的价格向其销售"的事实，表明了"强硕68"存在《中华人民共和国植物新品种保护条例实施细则（农业部分）》（简称《细则》）第十五条第一款第四项所规定的"以申请品种的繁殖材料签订生产协议"情形，故不具备新颖性。2019年3月27日，衣泰龙提交了说明及相关证据，认为2008年2月21日"强硕68"通过品种审定后，安排敦煌公司进行小面积试制种，未签订种子生产协议，2009年开始大面积制种，2009年12月9日申请品种权保护时没有丧失新颖性。小面积试制种一般不需要办理种子生产许可证，但敦煌公司为承揽2009年制种业务，提前对有效期内的种子生产许可证进行变更。复审委审理认为致泰公司提交的证据不足以证明衣泰龙存在销售"强硕68"或签署相关生产协议的行为，向甘肃省种子管理局核实"强硕68"生产许可档案和实际生产情况后，驳回致泰公司的无效宣告请求。

致泰公司不服，于2021年2月20日向北京知识产权法院（简称"一审法院"）提起诉讼，认为2008年6月24日敦煌公司变更种子生产许可证时即存在签订生产协议的事实并实施了生产行为，证明函中记载以每公斤6.3元的价格交付，意味着涉及销售行为，"强硕68"应丧失"新颖性"。一审法院通过甘肃省种子管理局查询到，敦煌公司提交过"强硕68"等5个品种的《主要农作物种子生产许可证申请表》，但甘肃省种子管理局对2015年以前的种子生产许可证申请档案只保留申请表，其他档案材料已销毁。致泰公司推断生产协议等相关内容包含在被销毁的材料中。一审法院审理认为，植物新品种新颖性判断的核心在于申请品种繁殖材料的销售情况，即在申请日前申请品种的繁殖材料是否被销售，实质是申请品种的繁殖材料是否进入公有领域为社会公众所获取。证明函显示衣泰龙以每公斤6.3元的价格回收委托培育的"强硕68"种子，仅能体现衣泰龙存在回购行为，不能证明存在销售行为。向甘肃省种子管理局调取的"强硕68"有关生产许可的档案仅能证明敦煌公司获得了"强硕68"的种子生产许可，具备生产种子的资格，并不能证明对外销售了"强硕68"的繁殖材料。根据《农作物种子生产经营许可管理办法》第七条第八项规定，申请种子生产许可证的品种为授权品种的，应提供品种权人同意的书面证明，而敦煌公司申请"强硕

68"种子生产许可证时,"强硕68"尚未授权,故致泰公司推断被销毁的材料可以证明"强硕68"经品种权人许可销售等主张不能成立,判决驳回诉讼请求。

致泰公司不服一审判决,向最高人民法院知识产权法庭(简称"二审法院")上诉。二审法院认为本案的核心在于判断衣泰龙是否在申请"强硕68"品种权的前1年即2008年12月9日前,在中国境内销售了"强硕68"种子。致泰公司仅以敦煌公司在其原种子生产许可证变更增加"强硕68"为由,主张衣泰龙与敦煌公司必然签署了生产协议。试制种也属于生产行为,证明函实质就是生产协议的内容。根据《中华人民共和国植物新品种保护条例》(简称《条例》)第十四条规定,导致植物新品种丧失新颖性的销售是指行为人出于交易目的将繁殖材料交由他人处置,放弃自身处置该繁殖材料的行为。如果育种者委托他人制种交付申请品种繁殖材料,同时约定制成繁殖材料返归育种者,实质上保留了对该品种繁殖材料的处置权,除非法律另有规定,不会导致申请品种丧失新颖性。因此,衣泰龙委托敦煌公司生产"强硕68"并回购的行为不属于销售"强硕68"繁殖材料的行为。致泰公司提交的现有证据不足以证明"强硕68"丧失新颖性,判决驳回上诉,维持原判。

【典型意义】

本案是关于植物品种新颖性判定的典型案例。新颖性是判断申请品种能否获得植物新品种保护的法律要件,新颖性审查通常由申请人或者利害关系人提供相应证据,证明申请品种是否符合新颖性的要求。本案被列入2023年最高人民法院发布的第三批人民法院种业知识产权司法保护典型案例。

本案的典型意义在于,对如何依据《条例》中关于"丧失新颖性"的规定,特别是《细则》中关于"以申请品种的繁殖材料签订生产协议"的规定,判定销售行为进行了解释。本案明确了申请品种的新颖性,其核心在于申请品种繁殖材料在法律规定的宽限期之前是否存在以交易为目的的销售行为,导致自身失去对该繁殖材料的控制。如果育种者只是在法律规定的宽限期之前通过签订生产协议的方式委托他人制备申请品种繁殖材料,支付相应的报酬,并且约定制成的繁殖材料需返回,则意味着保留了对该品种繁殖材料的处置权,不构成销售行为。本案的判决为育种者在研发过程中委托制种构筑起法律保护屏障,同时也提醒育种者和育种企业,要重视培育新品种繁殖材料的处置权,避免因丧失处置权而无法获得品种权,或使已获得的品种权被宣告无效。

案例五　水稻"美香占2号"品种权侵权行政执法案

韶关市农业农村局处理广东金友米业股份有限公司侵害水稻新品种"美香占2号"品种权案〔韶关市农业农村局行政处罚决定书（韶农（种子）罚〔2022〕01号）〕

【案情摘要】

涉案品种为水稻新品种"美香占2号"，授权日为2010年9月1日，品种权号为CNA20060475.9，品种权人为广东省农业科学院水稻研究所。

2022年6月7日，韶关市农业农村局接到举报，南雄市顺康米业有限公司（简称"顺康米业"）、南雄市粤斌米业有限公司（简称"粤斌米业"）未经许可销售"美香占"水稻种子。6月9日，韶关市农业农村局对上述两个公司进行突检取证，未发现粤斌米业有被控侵权种子，发现顺康米业库房中有标为"美香占"的水稻种子1 262包，共计3 787斤。顺康米业现场指认上述种子购于广东金友米业股份有限公司（简称"金友米业"），自己种植使用，没有对外销售。韶关市农业农村局对该批种子进行证据保存。经溯源了解，金友米业所持主要农作物种子生产许可证、农作物种子经营许可证均已超期，在生产、经营许可超期的情况下，仍非法从事种子经营活动，并委托印刷厂印制不符合《中华人民共和国种子法》（简称《种子法》）等相关法律法规规定的包装袋。6月10日，韶关市农业农村局依法立案，6月15日扣押顺康米业库房"美香占"水稻种子，6月30日现场调查金友米业仓库，扣押未包装"美香占"种子42袋（共计2 784斤）和"美香占"种子空包装袋3 400个。金友米业承认2022年共计生产"美香占"种子20 150斤，除杂质入库18 010斤，已分销出库15 226斤。7月13日，韶关市农业农村局对上述扣押的种子进行抽样送检，经农业农村部植物新品种测试（杭州）分中心检验，送检样品与"美香占2号"为极近似品种或相同品种。韶关市农业农村局认为，2021年以来金友米业无证生产经营"美香占2号"货值金额达63 035元，涉嫌构成犯罪，将案件移交韶关市公安局办理，后转南雄市公安局办理，因销售的"美香占"种子数量达不到立案标准，按行政处罚程序继续办理。

韶关市农业农村局查明，金友米业未再次取得农作物种子生产经营许可证，未经品种权人许可，生产"美香占"种子共计18 010斤，分销出库15 226斤，未回收货款，无实质违法所得；销售种子的标签内容无批准号，种子生产经营者名称虚无、无种子生产许可证编号、注册地址和联系方式等。韶关市农业农村局认为，上述行为违反《种子法》第三十三条第三款、第四十条第一款和第二十八条第二款，构成无证生产经营农作物种子、销售种子标签内容不符合规定等违法行为，及侵害"美香占2号"品种权行为。根据《种子法》规定，未取得农作物种子生产经营许可证生产经营种子的，货值金额1万元以上的，责令停止违法行为，没收违法所得和种子，并处货值金额3倍以上5倍以下罚款；销售的种子标签内容不符合规定的，责令改正，处2 000元以上2万元以下罚款；对于侵害品种权的，为了维护社会公共利益，可责令侵权人停止侵权行为，没收违法所得和种子，货值金额5万元以上的，并处货值金额5倍以上10倍以下罚款。针对上述多个处罚规定，根据《中华人民共和国行政处罚法》第二十九条，同一个违法行为违反多个法律规范的，按照罚款数额高的规定即货值金额5倍以上10倍以下进行处罚。考虑到从重情节，依据《广东省农业农村厅行政处罚自由裁量权适用规则》第五条第三项规定，罚款为一定金额的倍数，并同时规定

60%，农业行政执法机关对涉案违法行为按货值金额63 035元的6倍，罚款378 210元，并责令停止侵权，没收6 571斤种子及种子包装袋3 400个。

【典型意义】

本案是关于品种权侵权行为与其他种子违法行为竞合而实施高额行政处罚的典型案例。植物新品种侵权行为经常与其他涉种违法行为相竞合，如何适用法律以及追究法律责任，需要进行多重辨析。本案在违法行为出现竞合时，依据《中华人民共和国行政处罚法》和地方有关行政处罚自由裁量权的适用规则，按照法律规范中罚款数额最高的规定进行从重处理，对打击侵权行为具有警示意义，对行政执法机关后续处理竞合性违法行为也具有参考意义。

需要强调的是，侵权所承担的法律后果以及违法成本是巨大的，除须承担行政和刑事责任外，法定代表人、主管人员还可能被剥夺一定年限的从业资格，同时不影响权利人继续要求民事赔偿。种业企业应尊重和保护知识产权，通过合法途径实现合作共赢，不断提升生产、经营专业能力，从而推动种业不断发展和创新。

案例六　辣椒"奥黛丽"品种权侵权行政执法案

济南市农业农村局处理济南阳光润土农业发展有限公司侵害辣椒新品种"奥黛丽"品种权案[济南市农业农村局行政处罚决定书(济农(种子)罚〔2021〕6号)]

【案情摘要】

涉案品种为辣椒新品种"奥黛丽",授权日为2016年1月1日,品种权号为CNA20100522.3,品种权人为先正达种苗(北京)有限公司(简称"先正达公司")。

2021年8月24日,济南市农业农村局接到先正达公司投诉,济南裕丰种苗有限公司(简称"裕丰公司")未经授权许可生产、销售"奥黛丽"种苗,侵害先正达公司品种权。2021年8月26日,济南市农业农村局进行现场执法检查,发现裕丰公司并不存在,涉嫌侵权主体实为济南阳光润土农业发展有限公司(简称"阳光润土公司"),现场发现该公司1号棚内存放着涉嫌侵权的辣椒品种"奥黛丽"种苗13.15万株。经农业农村部植物新品种测试中心检验,确认涉案品种和"奥黛丽"为近似品种。阳光润土公司对检验结果无异议。

经进一步溯源,济南市农业农村局确定阳光润土公司共有13.2万株"奥黛丽"种苗。其中,5万株嫁接种来源合法,购于寿光市先正达种子有限公司,种植于济南海创农庄;8.2万株未嫁接"奥黛丽"辣椒种苗合法来源证据不足,货值共计6 610元,违法所得共计6 610元(其中,7.64万株计划由商河县裕丰蔬菜专业合作社种植,因暴雨导致大棚垮塌而未定植;5 600株分别于2021年8月25日销售500株、违法所得1 000元,2021年9月1日销售2 600株、违法所得2 860元,2021年9月2日销售2 500株、违法所得2 750元)。

济南市农业农村局认为阳光润土公司未经授权许可生产7.64万株辣椒种苗、销售5 600株辣椒种苗,侵害了先正达公司的品种权。2021年12月6日,阳光润土公司对未定植7.64万株辣椒种苗进行灭活、填埋处理。根据2015年修订的《中华人民共和国种子法》第七十三条第五款"县级以上人民政府农业、林业主管部门处理侵犯植物新品种权案件时,为了维护社会公共利益,责令侵权人停止侵权行为,没收违法所得和种子;货值金额不足五万元的,并处一万元以上二十五万元以下罚款……",以及《山东省农业行政处罚裁量基准(2019)》第一款种子、食用菌第二项,侵犯植物新品种权的货值金额一万元以下的,并处一万元以上七万元以下罚款的规定,济南市农业农村局作出处罚决定,没收违法所得6 610元,并处罚款50 000元。

【典型意义】

本案是关于基层农业行政执法机关通过多方溯源,合理界定品种权侵权责任的典型案例。本案中农业行政执法机关确认部分种苗购自经品种权人许可销售的企业,该销售行为不属于侵权行为,将相应种苗数量从被控侵权种苗数量中剔除;对侵权种苗进行灭活处理,并处以违法所得近8倍的处罚,有效地维护了市场竞争秩序。

知识产权领域所称的合法来源抗辩是指被控侵权行为人在不知道也不应该知道的情况下销售了侵权繁殖材料或收获材料,举证证明具有合法来源,并支付了合理对价,根据《最高人民法院关于审理侵害植物新品种权纠纷案件具体应用法律问题的若干规定(二)》,需停止侵权行为,但可免除赔偿责任。合法来源抗辩可合理减损被控侵权人所承担的法律责任,但与本案所指的合法来源即种植育种者许可的授权品种,在本质上是不同的。

案例七　柑橘"龙回红脐橙"品种权侵权行政执法案

重庆市铜梁区农业农村委员会处理重庆同阔农业开发有限责任公司侵害柑橘新品种"龙回红脐橙"品种权案［重庆市铜梁区农业农村委员会行政处罚决定书（铜农（种子）罚〔2022〕51号）］

【案情摘要】

涉案品种为柑橘新品种"龙回红脐橙"，授权日为2016年5月1日，品种权号为CNA20131106.2，品种权人为南康市俊萍果业发展有限公司。

2022年10月9日，重庆市铜梁区农业农村委员会行政执法人员根据重庆市农业综合行政执法总队提供的线索，对重庆同阔农业开发有限责任公司（简称"同阔公司"）的种子种苗生产经营情况进行检查，发现其生产经营"龙回红脐橙"种苗，但无法提供品种权人的授权书，遂进行立案。后经询问同阔公司法定代表人，检查公司种子生产经营许可证、种子生产经营档案、"龙回红脐橙"种苗购销合同、销售凭证、收款凭证、调运植物检疫证书等相关证据材料，并就其中涉及的情况进行调查核实，执法人员确认同阔公司未经品种权人授权，于2019年11月生产了"龙回红脐橙"种苗4 500株，并于2021年12与24日销售500株，每株12元，收入6 000元；2022年9月20日销售4 000株，每株8元，收入32 000元，共计销售收入38 000元。

重庆市铜梁区农业农村委员会认为，同阔公司未经品种权人授权，擅自生产经营授权品种"龙回红脐橙"种苗，违反《中华人民共和国种子法》（简称《种子法》）第二十八条规定，实施了侵害品种权的违法行为，违法事实清楚，证据确实充分，2022年12月28日向当事人依法送达《行政处罚事先告知书》（铜农（种子）告〔2022〕51号），告知拟作出行政处罚的事实、理由、依据以及享有陈述申辩、申请听证的权利。当事人在规定期限内未提出陈述申辩，也未申请听证。2023年1月9日，重庆市铜梁区农业农村委员会作出行政处罚，责令当事人停止侵权，根据《种子法》和《规范农业行政处罚自由裁量权办法》（中华人民共和国农业农村部公告第180号）的规定，由于当事人不知道是保护品种，没有主观故意，案发后积极配合调查处理，并书面承诺不再侵犯植物新品种权，给予从轻处罚。根据《农业部办公厅关于认定种子违法案件中违法所得和货值金额的复函》（农办政函〔2017〕4号）中关于"种子违法案件中的'违法所得'，是指违反《种子法》规定，从事种子生产、经营活动所取得的销售收入"的有关规定，认定并没收违法所得38 000元，并处罚款50 000元。

【典型意义】

本案是关于基层农业行政执法机关根据举报信息成功查处侵害植物新品种权违法行为的典型案例。执法人员通过调查取证，确认涉案企业实施了侵权行为，并查明侵权种苗的销售去处、数量和价格，及时作出处罚决定，制止了侵权行为的扩大。针对品种权侵权行政执法案件中违法所得认定难度大的问题，本案以查明的销售数量、价格确定了销售收入，并根据农业农村部有关规定确认了违法所得，为相关案件的查处提供了范例。

本案也提醒种子企业应关注生产经营的种子、种苗知识产权保护情况，并依法及时支付相应许可费用。如果从某企业购入未经品种权人许可的种子、种苗，应及时督促该销售企业向品种权人支付相应许可费用，否则不仅购买的种子、种苗涉及侵权，而且通过种植该批种子、种苗获得的繁殖材料或收获物也属侵权物。

案例八　西瓜"欣优美"驳回品种权申请复审案

安徽荃银高科瓜菜种子有限公司请求复审西瓜"欣优美"驳回品种权申请案（农业农村部植物新品种复审委员会2022年第21号复审决定）

【案情摘要】

被驳回品种权申请的西瓜品种"欣优美"，品种权申请日为2018年4月18日，品种权申请号为20181228.0，请求人为安徽荃银高科瓜菜种子有限公司（简称"请求人"）。

2021年5月17日，农业农村部植物新品种保护办公室（简称"品保办"）经审查认为，"欣优美"不具备新颖性，驳回品种权申请。2021年8月7日，请求人向农业农村部植物新品种复审委员会（简称"复审委"）提出复审请求，理由是"欣优美"申请非主要农作物品种登记材料中的推广证明不足以证明该品种已商业推广，该品种具备新颖性，请求撤销驳回品种权申请的决定。

复审委受理后，要求品保办进行前置审查。品保办向复审委提交了2020年10月28日从全国农业技术推广服务中心调取的28份该品种推广应用证明材料。上述推广证明材料是请求人在申请"欣优美"品种登记时提供的，部分推广应用证明还盖有当地种子管理局等推广主管部门公章，请求人对提供上述材料均承诺真实有效。推广证明材料显示，2010—2017年"欣优美"在浙江、湖南、安徽、贵州等省累计推广面积5万余亩，并强调"欣优美"深受广大生产者和消费者喜爱。

复审委审理认为，请求人自己提供的推广应用证明能够证明"欣优美"在申请日2018年4月18日前，在中国境内经其许可的销售推广已经超过1年，申请品种丧失新颖性，维持品保办原有决定，驳回复审请求。

【典型意义】

本案是关于申请品种因推广销售多年丧失新颖性而被驳回品种权申请的典型案例。根据2015年修订的《中华人民共和国种子法》（简称《种子法》）和《中华人民共和国植物新品种保护条例》相关规定，新颖性主要是指申请植物新品种权的品种在申请日前，经申请权人自行或者同意销售、推广其种子，在中国境内未超过1年；在境外，木本或藤本植物未超过6年，其他植物未超过4年。

已推广应用多年的老品种由于丧失了新颖性，是无法获得品种权保护的，本案请求人在申请品种登记时提供了大量推广、销售的证明，表明申请品种在申请日前推广、销售已超过1年以上。尽管请求人在复审请求书中表示提交的推广销售证明属于试验示范推广，不是商业性推广或销售，后又提供材料说明因新入职经办人员误将该新品种列入已推广品种名单，致使该品种引种示范时间、累计推广面积与实际不符。但后续补充材料不足以否定原盖有种子管理局等主管部门公章证明材料的法律效力，复审委驳回了其复审请求。

依据《种子法》和《非主要农作物品种登记办法》，申请品种登记的品种应具备特异性、一致性、稳定性。但针对老品种登记，登记主管部门提出如果能够提供品种已推广应用的证明，可不提供特异性、一致性和稳定性（DUS）测试报告。本案申请人在品种登记时提交的推广应用证明，成了该品种在申请保护时丧失新颖性的证据。育种者应审慎对待品种审定、登记、保护过程中提交的材料，秉承诚信原则，避免对育种创新成果保护和应用造成干扰。

案例九 玉米"南甜糯601"宣告品种权无效复审案

深圳农科玉种业有限公司请求宣告玉米"南甜糯601"品种权无效复审案（农业农村部植物新品种复审委员会2022年第14号复审决定）

【案情摘要】

被请求宣告品种权无效的玉米品种"南甜糯601"，品种权申请日为2019年7月26日，授权日为2020年12月31日，品种权人为南京永立农业发展有限公司。另一涉案品种为"农科糯336"，品种权申请日为2017年2月10日，授权日为2021年6月18日，品种权人为北京市农林科学院、深圳农科玉种业有限公司。

2021年2月5日，深圳农科玉种业有限公司（简称"请求人"）向农业农村部植物新品种复审委员会（简称"复审委"）请求宣告南京永立农业发展有限公司（简称"被请求人"）的"南甜糯601"品种权无效，理由是经SSR分子检测，"南甜糯601"与"农科糯336"判定为极近似或者相同品种，由于"农科糯336"品种权申请在先，"南甜糯601"不具备特异性，应宣告"南甜糯601"品种权无效。

复审委受理后，通知请求人补正材料，并要求被请求人陈述相关情况。被请求人陈述，涉案品种"南甜糯601"是由其自主选育的，确认一个品种是否为新品种、是否具备特异性的依据是DUS测试结果，而不是DNA检验报告，并提交《张掖国家级玉米种子生产基地种子质量监督检验中心品种真实性检验报告》（NO.ZGZ20210863），该报告显示"南甜糯601"与"农科糯336"具有明显差异，不属于同一品种。

复审委审理认为，被请求人提交的NO.ZGZ20210863检验报告中使用的样品非官方保藏的标准样品，报告结论不具备证明力。复审委调取并采纳了农业农村部植物新品种保护办公室（简称"品保办"）相关鉴定结果，品保办从农业农村部植物新品种保藏中心提取"南甜糯601"与"农科糯336"的标准样品，在农业农村部植物新品种测试中心和江汉大学生物基因检测鉴定中心分别进行SSR和MNP分子检测，结果显示上述两个品种为极近似品种或相同品种；在农业农村部植物新品种测试（上海）分中心和（济南）分中心进行田间对比种植，结果显示上述品种无明显差异。复审委审理认为，"南甜糯601"虽通过绿色通道先获授权，但与在先申请的"农科糯336"差异不明显，不具备特异性，依法宣告玉米"南甜糯601"品种权无效。

【典型意义】

本案是关于授权品种不具备特异性而被宣告品种权无效的典型案例。特异性是品种权授权条件之一，根据《中华人民共和国植物新品种保护条例》第十五条，特异性是指申请品种有一个以上性状明显区别于申请日以前的已知品种。根据2015年修订的《中华人民共和国种子法》第九十条十一项，已知品种是指已受理申请或已通过品种审定、品种登记、新品种保护，或者已经销售、推广的植物品种。一个品种一旦通过了保护、审定、登记，从申请之日起即视为已知品种，或者一个品种自推广销售之日起即成为已知品种。

本案"农科糯336"较"南甜糯601"先申请保护，在"南甜糯601"的特异性审查中应将"农科糯336"作为已知品种进行比对。请求人虽然提交了上述品种为不同品种的DNA检测报告，但由于样品不是来自官方标准样品库，结论没有被采纳。复审委采纳了"南甜糯601"和"农科糯336"标准样品的鉴定结果，依法宣告了"南甜糯601"品种权无效。

本案也提醒育种者要注重品种权管理和维护，关注进入保护、审定、登记环节的品种是否有与自己品种极近似或者相同的，是否属于自己品种的实质性派生品种，是否使用自己品种作为亲本等，并及时主张权利。必要时，可交由专业团队管理、经营品种权，最大限度实现品种权的市场价值。

案例十 小麦"隆麦28"驳回品种权申请复审案

江苏天隆种业科技有限公司请求复审小麦"隆麦28"品种驳回种权申请案（农业农村部植物新品种复审委员会2022年第11号复审决定）

【案情摘要】

被驳回品种权申请的小麦品种"隆麦28"，品种权申请日为2016年4月1日，品种权申请号为20160470.9，申请人为江苏天隆种业科技有限公司。

2019年12月10日，农业农村部植物新品种保护办公室（简称"品保办"）因"隆麦28"不具备一致性，驳回品种权申请。2020年4月2日，江苏天隆种业科技有限公司（简称"请求人"）向农业农村部植物新品种复审委员会（简称"复审委"）提出复审请求，认为品保办不应当依据编号为2015QS0007A的DUS测试报告否认"隆麦28"的一致性，该测试报告是在申请植物新品种保护之前，参加品种审定区域试验时完成的，请求人要求采用申请保护时提交的"隆麦28"标准样品重新进行DUS测试，以判定"隆麦28"是否具备一致性。

复审委受理后，要求品保办进行前置审查。2020年5月27日，品保办提交《复审前置审查意见》，认为考虑到申请人在品种审定区域试验时通常提交的是生产用种，而品种保护要求提交的是原原种，生产用种和原原种可能在一致性上存在差异，建议提取申请品种保护的标准样品，重新安排DUS测试。

2021年10月26日，农业农村部植物新品种测试（南京）分中心向复审委提交的"隆麦28"植物新品种DUS测试报告显示，在1000株该品种中，异形株为16株，判定不具备一致性。复审委审理认为，根据重新测试结果，"隆麦28"不具备一致性，维持品保办原有决定，驳回复审请求。

【典型意义】

本案是关于申请品种不具备一致性而被驳回品种权申请的典型案例，同时涉及委托测试报告的法律效力问题。通常由品保办提取申请人提交的标准样品，在农业农村部植物新品种测试中心、分中心进行DUS测试，判定申请品种是否具备特异性、一致性和稳定性。为提升DUS测试效率，品保办对申请人自行委托上述测试机构进行的DUS测试结果也予以认可。但由于委托测试存在一定的局限性，如委托人提供的样品可能与标准样品不同、委托测试在申请保护前开展、已知品种不够全面等，申请人对测试结论有异议并有合理理由的，可向品保办说明情况，请求重新测试，也可在收到《实质审查驳回决定通知书》后，向复审委请求复审。本案中，申请人通过复审程序请求重新进行DUS测试，复审委考虑到请求事项的合理性，重新安排了DUS测试，保障了品种权申请人的合法权益。